国 务 院 研 究 室 调 研 成 果 选

黄守宏 / 主编

中国经济社会发展形势与对策（2021）

加大宏观政策实施力度
稳住经济基本盘

中国言实出版社

图书在版编目(CIP)数据

2021中国经济社会发展形势与对策.加大宏观政策实施力度
稳住经济基本盘/黄守宏主编.
—— 北京：中国言实出版社，2021.12

ISBN 978-7-5171-3977-5

Ⅰ.① 2… Ⅱ.①黄… Ⅲ.①中国经济－经济发展－调查研究－2021
Ⅳ.①F124

中国版本图书馆CIP数据核字（2021）第267205号

中国经济社会发展形势与对策（2021）
加大宏观政策实施力度　稳住经济基本盘

出　版　人：王昕朋
责任编辑：马衍伟
责任校对：罗　慧

出版发行：中国言实出版社
　　　　　地　　址：北京市朝阳区北苑路180号加利大厦5号楼105室
　　　　　邮　　编：100101
　　　　　编辑部：北京市海淀区花园路6号院B座6层
　　　　　邮　　编：100088
　　　　　电　　话：64924853（总编室）　64924716（发行部）
　　　　　网　　址：www.zgyscbs.cn　E-mail：zgyscbs@263.net

经　　销：新华书店
印　　刷：徐州绪权印刷有限公司
版　　次：2022年1月第1版　2022年1月第1次印刷
规　　格：710毫米×1000毫米　1/16　15.5印张
字　　数：174千字

定　　价：58.00元
书　　号：ISBN 978-7-5171-3977-5

本书编委会

主　任：黄守宏

副主任：陈祖新　　向　东

　　　　孙国君　　肖炎舜

编　委：（以下按姓氏笔画排序）

　　　　王汉章　　王昕朋　　王胜谦　　牛发亮

　　　　朱艳华　　乔尚奎　　刘日红　　李攀辉

　　　　宋　立　　张顺喜　　侯万军　　姜秀谦

CONTENTS | **目录**

一、实施积极的财政政策和稳健的货币政策

二、采取有力措施提振消费和扩大投资

三、推动制造业升级和新兴产业发展

四、稳住外贸外资基本盘

五、宏观经济形势研判及政策建议

关于推动高质量发展的若干问题

（代　序）

黄　守　宏

党的十九大作出我国经济发展已由高速增长阶段转向高质量发展阶段的重大判断。党的十九届五中全会明确"十四五"时期经济社会发展要"以推动高质量发展为主题"。习近平总书记就推动高质量发展发表一系列重要讲话，明确了推动高质量发展的根本目的、重点任务、主攻方向、战略战术、重大原则、实现途径，为推动高质量发展指明了方向，提供了根本遵循。

一、为什么要推动高质量发展

"十四五"时期经济社会发展要以推动高质量发展为

主题，这是党中央根据我国发展阶段、发展环境、发展条件变化作出的重大决策部署，具有重大现实意义和深远历史意义。

第一，推动高质量发展，是保持经济持续健康发展的需要。改革开放以来，我国经济保持快速增长，经济总量由 1978 年居世界第 11 位跃居世界第 2 位，占世界经济的份额由不到 2% 提高到 2020 年 17% 以上，从低收入国家进入中上等收入国家行列，创造了经济持续快速发展的世界奇迹。目前我国发展仍处于重要战略机遇期，继续发展具有多方面优势和条件，但面临结构性、体制性、周期性问题交织叠加的挑战，长期支撑我国发展的各方面条件发生重大变化，过去主要依靠资源、资本、劳动力等要素投入来支撑经济增长和规模扩张的方式已不可持续，发展正面临着动力转换、方式转变、结构调整的繁重任务。资源环境约束在加剧，要素成本在上升，劳动生产率不高。2020 年，我国全员劳动生产率为 11.8 万元 / 人，约 1.71 万美元 / 人，相当于世界平均水平的 70%、经合组织国家平均水平的 1/5、美国的 1/7。我国经济社会发展中的矛盾和问题集中体现在发展质量上。只有坚持质量第一、效益优先，加快转变发展方式、优化经济结构、转换增长动力，以更少的资源要素投入、更少环境代价取得更多的产出、更高的效益，才能推动经济行稳致远。

第二，推动高质量发展，是适应我国社会主要矛盾变化的需要。不同历史时期、不同发展阶段社会的主要矛盾不同，发展的任务、着力点、主攻方向也不同。自党的八大以来，我们一直讲，我国社会主要矛盾是"人民日益增长的物质文化需要同落后的社会生产之间的矛盾"。经过几十年的不懈努力，我国社会生产力有了历史性飞跃，人民生活水平显著提高。党的十九大作出一个重大判断，就是"我国社会主要矛盾已经转化为人民日益增长的美好生活需要和不平衡不充分的发展之间的矛盾"。实现全面建成小康社会目标后，人民群众对美好生活的向往更加强烈，期盼有更好的教育、更稳定的工作、更满意的收入、更可靠的社会保障、更高水平的医疗卫生服务、更舒适的居住条件、更优美的环境、更丰富的精神文化生活。与这些要求相比，我国发展不平衡不充分问题更加凸显出来。比如，农村发展相对缓慢，部分中高端产品供给不足，基础设施和公共服务有不少短板，一些地区生态环境恶化。解决这些问题，归根到底要靠高质量发展，以更加平衡、更加充分、更加全面的发展满足人民美好生活需要。

第三，推动高质量发展，是应对错综复杂国际环境、塑造我国国际经济合作和竞争新优势的需要。改革开放以来，我们打开国门，积极扩大对外贸易、引进外资、开展对外投资，形成了国际合作与竞争优势，有力促进了我国经济发展。当今世界正经历百年未有之大变局，我国发展的国际环境发生重大变化。一方面，和平与发展仍是时代主题，新一轮科技革命和产业变革深入发展，我国参与国际经济合作有机遇和空间。另一方面，世界进入动荡变革期，不稳定性不确定性明显增加，特别是新冠肺炎疫情仍在持续、影响广泛深远，经济全球化遭遇逆流，保护主义加剧，美国持续对我进行打压阻遏。外部环境复杂严峻已经成为我国发展面临的最大不确定因素，我国科技创新、产业链供应链稳定、外贸外资发展受到制约。现在我国产业总体上仍处于国际分工产业链、价值链中低端，发展面临着发达国家和发展中国家的"两面夹击"，"两头在外、大进大出"的发展模式已难以持续。应对外部环境变化带来的冲击挑战，关键在于办好自己的事，加快提高发展质量，推动产业链、供应链向国际中高端迈进，让"中国制造"转变为"中国创造""中国智造"，形成更多具有不可代替性的产品和技术，加快培育国际合作与竞争新优势。

第四，推动高质量发展，是深入防范化解重大风险的需要。"十四五"时期是我国跨越中等收入陷阱的关键阶段，也是各类风险易发多发阶段。仅就经济方面的风险隐患而言，就有多方面的。从国内看，部分地区债务风险加大，企业债券违约率、金融机构不良资产率升高，还有房地产价格上涨风险等。从外部看，国际金融市场、大宗商品价格波动加剧，对我国发展带来冲击和影响。特别是我国重要能源原材料对外依存度不断提高，缺乏定价权，蕴含着很大的风险。目前，我国石油、天然气对外依存度分别超过70%、40%，铁矿石、镍矿、铜精矿对外依存度约80%，铝土矿超过50%，而且能源原材料进口来源集中度高。深入防范化解重大风险，是"十四五"时期经济社会发展必须跨越的关口。只有推动高质量发展，才能有效减少风险隐患产生和累积，增强经济社会抵御各种冲击的能力和韧性，实现安全发展。

二、什么是高质量发展

坚持以推动高质量发展为主题，需要正确认识和把握高质量发展的深刻内涵、核心要义、实践要求，使各地区各部门推动高质量发展始终沿着正确的方向前进，防止出现大的偏差，不断开创经济社会高质量发展新局面。对此，习近平总书记作出了深刻阐述，我们要全面学习领会、认真贯彻执行。

习近平总书记指出，"高质量发展，就是能够很好满足人民日益增长的美好生活需要的发展，是体现新发展理念的发展，是创新成为第一动力、协调成为内生特点、绿色成为普遍形态、开放成为必由之路、共享成为根本目的的发展"，"更明确地说，高质量发展，就是从'有没有'转向'好不好'"，"推动高质量发展，关键是要按照新发展理念的要求，以供给侧结构性改革为主线，推动经济发展质量变革、效率变革、动力变革"。根据习近平总书记重要论述，我们在认识高质量发展方面要注重把握好以下几点。一是完整、准确、全面贯彻新发展理念。我国虽已成为全球第二大经济体，但目前人均GDP仍排在世界80位左右，仍然是世界上最大的发展中国家，发展仍然是我们党执政兴国的第一要务。必须强调的是，新时代新阶段的发展必须贯彻新发展理念，必须是高质量发展。理念是行动的先导，发展理念从根本上决定着发展方式和成效。过去我们重速度、重规模，强调的是以国内生产总值（GDP）增长快慢、高低论英雄。我们现在提出高质量发展，强调的是注重发展的质量和效益。党的十八届五中全会首次提出并全面阐释了新发展理念，即创新、协调、绿色、开放、共享，党的十九大把坚持新发展理念确立为新时代坚持和发展中国特色社会主义的基本方略之一。"十四五"时期推动高质量发展，要求把新发展理念一以贯之地贯彻到全面建设社会主义现代化国家的全过程和各领域。二是坚持以深化供给侧结构性改革为主线。制约我国高质量发展的因素主要是供给侧、结构性的。推动高质量发展，必须深化供给侧结构性改革，用改革创新的办法推进结构调整，减少无效和低端供给，扩大有效和中高端供给，增强供给结构对需求变化的适应性和灵活性，提高全要素生产率。以推动高质量发展为主题，明确了经济社会发展的"靶心"，瞄准"靶心"才能走对路子；以深化供给侧结构性改革为主线，明确了经济社会发展的"纲"，"纲举"才能"目张"。三是扎实推进共同富裕。习近平总书记指出，共同富裕是中国特色社会主义的根本原则，实现共同富裕是我们党的重要使命；我们推动经济社会发展归根结底是要实现全体人民共同富裕。改革开放以来，随着经济持续快速发展，全国人民生活水平普遍都有很大的提高，但由于多种原因，城乡区域发展和居民收入分配差距依然较大。党的十八大以来，以习近平同志为核心的党中央在促进区域协调发展、完善收入分配制度等方面采取一系列重大举措，城乡区域发展的协调性平衡性增强，中西部地区经济增长速度快于东部地区，农民收入增长快于城镇居民，城乡居民人均可支配收入比值由 2012 年的 2.88∶1 降至 2020 年 2.56∶1。促进全体人民共同富裕是一项长期任务，但随着我国全面建成小康社会、开启全面建设社会主义现代化国家新征程，我们必须把促进全体人民共同富裕摆在更加重要的位置，脚踏实地，久久为功。我们要在高质量发展中推动共同富裕取得更为明显的实质性进展，既要把蛋糕做大，更要把蛋糕分好，使发展成果更好惠及全体人民。

　　针对推动高质量发展过程中存在的一些认识和实践

精神，敢于攻坚克难。同时，时代发展了，在新的历史条件下新型举国体制不是简单复制过去、回到过去，而是要充分发挥社会主义集中力量办大事的优势，充分发挥市场机制作用，打好关键核心技术攻坚战。

第一，要强化国家战略科技力量，整合优化科技资源配置、提高创新效率。在较短时间内要想掌握核心技术，必须强化国家战略科技力量。我国有3200多所研发机构、近3000所普通高校、500多个国家重点实验室，还有数量众多的科技型企业，主要问题是长期以来这些机构之间科技人才、科研设施等存在着布局分散、自我封闭的"孤岛"现象，往往各自为战，研究项目交叉、低水平重复，科技成果与产业脱节，丰富的创新资源没有充分发挥应有作用。党中央提出强化国家战略科技力量，就是要通过组建国家实验室、国家重点实验室、国家技术创新中心等，打造交流合作平台，推动各类创新资源的统筹、整合、开放、共享、协同，形成推动关键核心技术攻关的合力。抗疫期间的科研攻关，就是集中国家战略科技力量打硬仗、打大仗、打胜仗的一个生动实践，既发挥了"双一流"高校、中央科研单位、国有企业等"国家队"作用，又吸引科技型民营企业广泛参与。7天内分离出新冠病毒毒株，14天完成核酸检测试剂研发和审批上市，多款疫苗及时附条件上市。试想一下，如果我们没能第一时间发明检测试剂、在疫苗研发中进入世界"第一方阵"，将会是多么被动的局面！

第二，要发挥企业的创新主体作用，推动产学研深度融合。科研和经济"两张皮"、科技成果转化率低是我国科技体制的痼疾，科技创新很大一部分还是停留在实验室里的研究，没有转化为推动经济社会发展的现实动力。解决这一问题，一个重要方面是支持企业进一步重视研发、加大研发投入。与发达国家和国际领军企业相比，我国企业研发投入强度（研发投入占营业额的比重）偏低，创新能力总体不强。欧盟联合研究中心近期发布报告称，中国企业研发投入强度为 3.3%，远低于美国的 7.1%，也低于欧盟的 3.9% 和日本的 3.6%。欧盟委员会发布的《2020 全球企业研发投入排行榜》显示，2020 年研发投入前 50 名企业，美国有 21 家，中国仅有 3 家。企业研发投入占全国总研发投入的 75% 左右，由于企业研发投入增速低，导致国家"十一五""十二五""十三五"规划《纲要》设置的研发经费投入强度预期指标均未实现。我国研发投入规模居世界第二，但研发投入强度低于主要发达国家。2019 年，我国研发投入强度约为 2.2%，日本为 3.28%，美国为 2.84%，德国为 2.99%。

激励企业加大研发投入，最公平、最有效的办法是采取普惠性支持政策。近年来，国家将企业研发费用加计扣除比例逐步提高到 75%，2021 年又将制造业企业研发费用加计扣除比例提高至 100%，预计可在 2020 年减税 3600 多亿元基础上，再为企业新增减税 800 亿元。国有企业特别是央企的创新资源丰富，要完善考核评价机制，强化创新能力考核，增加研发投入及科技成果产出和转化在国企负责人业绩考核中的权重，加大创新激励力度。

第三，要加强基础研究，夯实科技创新的根基。基础研究是科技创新的源头和先导。我国基础研究虽然取得显著进步，但同国际先进水平的差距还是明显的。我国面临的很多"卡脖子"技术问题，根子是基础研究跟不上，源头和底层的问题没有搞清楚。按照党中央要求，有关方面正抓紧制定实施基础研究十年行动方案，明确我国基础研究领域发展方向和目标，重点布局一批基础学科研究中心。目前我国基础研究投入占研发投入的比重刚超过 6%，而发达国家通常在 15%—25%。要加快健全基础研究稳定支持机制，拓宽基础研究经费渠道，推动基础研究经费投入占研发经费投入比重提高到 8% 以上。基础研究具有长期性和不确定性。对基础研究，无论是热门的还是冷门的，都要保证充足的经费投入、先进的科研条件，使科研人员能够心无旁骛进行研究。目前，对高校和科研院所的经费支持方式还是以竞争性经费为主，科研人员报项目、争经费不仅要花费大量时间，而且容易引导他们做"短平快"研究。近 20 年来，日本有 19 个诺贝尔奖获得者，一个重要原因在于其对科研人员稳定性研究经费的保障，国立大学中有 21% 的研究人员经费全部来自于稳定经费，私立大学中这一比例更是高达 40%。我们要完善符合基础研究规律的投入机制，加大长期稳定支持力度。科技创新需要积累，不能简单设定两年、三年的硬指标，这跟抓经济工作特别是工程建设项目不一样。硬要定时间指标，研发出的成果要么不真实、要么不管用。基础研究是个"慢变量"，要保持定力和耐心，不能急于求成。要建立健全符合科学规律的评价体系和激励机制，对自由探索、长期探索的基础研究实行长周期评价机制，创造有利于基础研究的良好科研生态，让科研人员以"十年磨一剑"的精神自由探索、厚积薄发，努力有更多科学发现和发明创造。

第四，要大力推进科技体制改革，为科研人员减负松绑。科技创新的核心是人，科技体制改革就是要充分调动科研人员积极性。我国拥有世界上最大规模的科技人才队伍，只要把他们的积极性调动起来，就能多出成果、出大成果。关于给科研人员减负松绑的问题，政策文件出了不少，但落实情况还不理想。现在科研人员普遍反映工作时间长，但每天的有效科研时间却并不多、甚至有的不足 4 小时，大量时间仍然被填表、报销等琐事占用。现在要抓好科技体制改革相关政策的落实，特别是赋予高校、科研机构更大自主权和赋予创新领军人才更大技术路线决策权和经费支配权两项政策。落实科技攻关"揭榜挂帅"等制度，在更多领域把需要攻克的重大项目张出榜来，谁有本事谁就揭榜。

评价机制是科技创新的重要"指挥棒"，要发挥好导向作用。很多科研人员反映，目前科技评奖过多过滥，"帽子满天飞"的问题仍然存在，容易滋生浮躁心态。有关方面统计，我国目前有各级各类上万个科技奖项，有的大学设立了20多个奖项，各类学会也纷纷设奖。因为奖项、"帽子"等都与资源挂钩，可以拿到项目、进而拿到经费。要改革科技评价机制，坚决破除"唯论文、唯职称、唯学历、唯奖项"，健全以创新能力、质量、实效、贡献为导向的科技人才评价体系，使科技奖项等回归激励创新的本质，让科研人员不为参评报奖所扰、不为"帽子"头衔所困，潜心于科学研究。

（二）加快发展现代产业体系

产业是经济发展的基础。我国产业体系完备、配套能力强，目前我国是全球唯一拥有联合国产业分类中全部工业门类的国家，但总体上产业大而不强、大而不优，处于全球产业链中低端，对全球资源的整合和控制能力不足，能够掌控产业链核心环节、主导产业链生态的企业不多，大量企业仍在拼成本、做配套，很多产品附加值不高，挣的是辛苦钱。比如，我国小轿车出口平均价格为进口小轿车的1/4，数控机床出口均价为进口数控机床的1/15。产业基础能力不强、产业链水平不高已经成为我国经济和产业高质量发展的突出软肋。《中共中央关于制定国民经济和社会发展第十四个五年规划和二〇三五远景目标的建议》（以下简称"十四五"规划《建议》）提出，坚持把发展经济着力点放在实体经济上，推进产业基础高级化、产业链现代化，推动产业向中高端迈进，提高经济质量效益和核心竞争力，增强发展后劲。

一是推动制造业优化升级。制造业是国民经济的骨干支撑，是技术进步和生产率提升最快的产业，国际竞争主要体现在制造能力和水平的竞争。2010 年我国制造业增加值超过美国、成为世界第一制造大国。目前我国制造业增加值占世界的比重为 30% 左右，相当于美、德、日三国总和。一个时期以来，由于多种因素影响，我国制造业投资增速降低，制造业比重持续下降，从 2006 年 32.5% 的峰值降至 2019 年的 27.2%。我国进入工业化中后期，制造业比重下降有其客观规律性，但存在的问题是，制造业比重下降幅度过快过早。与发达经济体相比，我国在制造业的就业份额和制造业的产值份额触顶回落时，人均收入水平较低。美国、日本、德国分别是在人均 GDP 达到 2 万美元时制造业比重下降，而我国 2006 年人均 GDP 仅为 3000 多美元。制造业比重的过早过快下降会带来很多问题，包括导致产业空心化、拖累整体生产率增速等。以习近平同志为核心的党中央全的风险挑战在增加。我国人均耕地 1.4 亩、不到世界平均水平的一半且不断在减少，人均水资源不到世界平均水平的四分之一，干旱洪涝等气象灾害频发，动植物疫病多发。粮食产需结余省从 2005 年的 14 个降到 2019 年的 10 个，能够成规模调出的只有 8 个省份。部分品种产需缺口较大，主要依赖进口。目前，我国油料总体自给率为 31%，大豆进口 2020 年首超 1 亿吨、自给率仅 16%，玉米产需缺口逐步扩大。历史经验表明，受多种因素影响，农业生产掉下去容易、提上来难。在粮食和重要农产品供给方面，不能光算经济账、不算政治账，光算眼前账、不算长远账，否则就要出大问题。2020 年中央农村工作会议上，习近平总书记明确提出，粮食安全要实行党政同责，"米袋子"省长要负责，书记也要负责。这就进一步强化了地方党委、政府维护国家粮食安全的责任。要落实最严格的耕地保护制度，坚决遏制耕地"非农化"、严格管控"非粮化"，始终守住 18 亿亩耕地红线，确保永久基本农田面积稳定并重点用于粮食生产特别是口粮生产。农以种为先。目前我国种子大量进口，部分蔬菜种子、种畜禽主要依赖进口，要打好种业翻身仗，努力实现核心种源自主可控。要加快推进农业关键核心技术攻关，补上烘干仓储、冷链保鲜、农业机械等现代农业物质装备短板。我们必须始终立足自身抓好农业生产，以国内稳产保供的确定性来应对外部环境的不确定性。

第二，推动乡村振兴战略落地见效。今后一个时期，是我国乡村形态快速演变的阶段，建设什么样的乡村、怎样建设乡村，是摆在我们面前的重要课题。实施好乡村建设行动，要注重把握三点。一是科学规划，充分考虑农村人口变动因素，遵循乡村发展建设规律，合理确定村庄布局分类，突出乡村特色、风貌，保护传统文化，不能把乡村搞成缩小版的城市。二是继续把公共基础设施建设的重点放在农村，在推进城乡基本公共服务均等化上持续发力。三是尊重群众意愿，发挥农民主体作用。一些地方在乡村建设、农村人居环境整治中不从实际出发，不顾农民意愿，搞官僚主义、形式主义，把民生工程建成"失心工程"，必须予以纠正。要坚持因地制宜推进乡村建设，真正为农民而建，把好事办好、把实事办实。

第三，巩固拓展脱贫攻坚成果。脱贫摘帽不是终点，而是新生活、新奋斗的起点。我们要看到，守住脱贫攻坚成果并不断拓展的任务还很艰巨。脱贫群众总体上收入水平不高，2020年建档立卡户人均年收入1万元，仅是农民平均收入的60%。脱贫地区新发展的产业还不稳固，县级财政支出80%以上靠上级转移支付。要做好巩固拓展脱贫攻坚成果同乡村振兴有效衔接，健全防止返贫动态监测和帮扶机制，对易返贫致贫人口及时发现、及时帮扶，坚决守住不发生规模性返贫底线。要落实后续帮扶机制，在政策上、资金上、机制上等继续给予脱贫地区和脱贫人口以支持，坚持和完善东西部协作和对口支援机制，发挥中央单位和社会力量帮扶作用，支持脱贫地区增强内生发展能力。

（四）推进区域协调发展和新型城镇化

改革开放以来特别是党的十八大以来，区域协调发展取得显著成效，中部、西部地区生产总值占全国比重分别由 2012 年的 20.2%、19.8% 上升到 2020 年的 22%、21.1%，与东部地区的发展差距不断缩小。同时出现了一个新问题，就是南北分化渐趋明显。这从大城市的数量变化中可见一斑。按经济总量排名，1978 年全国前十大城市中南方有 4 个（包括上海、重庆、广州、武汉）、北方有 6 个（包括北京、天津、长春、哈尔滨、沈阳、大连），2020 年前十大城市中南方有 9 个（包括上海、深圳、广州、重庆、苏州、成都、杭州、武汉、南京）、北方有 1 个（即北京）。要深入实施区域协调发展战略，推进西部大开发、东北全面振兴、中部地区崛起、东部率先发展，支持特殊类型地区加快发展。深入实施区域重大战略，推进京津冀协同发展、长江经济带高质量发展、粤港澳大湾区建设、长三角一体化发展、黄河流域生态保护和高质量发展等。对此，党中央、国务院制定了发展规划和政策措施，关键是要落地落细落实，同时还要根据新情况新问题，研究一些有针对性的举措。

城镇化是经济社会发展的必然趋势，也是现代化的必由之路。改革开放以来，我国城镇化快速发展。党的十八大以来，我们党提出以人为核心的新型城镇化，城镇化率和质量稳步提高。根据第七次全国人口普查数据，2020 年常住人口城镇化率为 63.89%，比 2010 年第六次人口普查时提高 14.21 个百分点，平均每年提高 1.42 个百分点。《中华人民共和国国民经济和社会发展第十四个五年规划和 2035 年远景目标纲要》（以下简称《纲要》）制定的目标是常住人口城镇化率提高到 65%，现在看实现这一目标是完全有把握的。

随着我国人口城镇化率超过 60%，新型城镇化已开启下半程，从快速发展阶段转向高质量发展阶段，既要走得快更要走得好。一方面我们要继续提升城镇化率。这方面还有很大的发展空间，发达国家城镇化率都在 80% 以上。另一方面要着力在提升新型城镇化质量上下功夫。一是推动户籍人口城镇化和常住人口基本公共服务均等化。2020 年我国常住人口城镇化率 63.89%、达到 9 亿人，但户籍人口城镇化率只有 45.4% 左右、6.4 亿人，二者相差 18.49 个百分点、2.6 亿人，一些常住人口尚未完全享受城镇基本公共服务。要深化户籍制度改革，使更多农业转移人口在城市安家落户，推动城镇基本公共服务覆盖未落户常住人口，促进公共服务均等化，提供更多住房、教育、医疗、养老等公共服务，让农业转移人口进得来、落得下、过得好。二是发挥中心城市和城市群带动作用，建设现代化都市圈。根据国际经验，随着人口城镇化率超过60%，城镇化发展格局会发生变化，将由一次城镇化为主转向二次城镇化。所谓一次城镇化，主要是人口由农村向城镇的流动，二次城镇化是城市之间的流动，由中小城市向中心城市、大城市集聚。对我国来说，一次城镇化的进程仍将继续，二次城镇化的进程正在加快，人口由中小城市向中心城市、大城市集聚。近年来，常住人口占比32%的千万人口级大都市圈对全国人口增量的贡献率超过50%。三是推进以县城为重要载体的城镇化建设。县城是联结城乡的重要节点。现在越来越多的农民选择到县城就业安家、安排子女上学。健全城乡融合发展体制机制，缩小城乡发展差距，推动农业农村现代化，县城发挥重要作用。要赋予县级更多资源整合使用的自主权，大力提升县城公共设施和服务能力，扩大容量、增强功能。四是加强房地产调控。目前我国住房总量总体上已经不低了，2019年城镇人均住房建筑面积达到39.8平方米。我国城镇化进程中，一个突出问题是房价上涨。这些年，国家采取了多轮调控措施，收到一定成效。但从2020年下半年以来，房价又出现新一轮上涨。房价大幅上涨带来多方面严重后果。包括影响居民生活水平，导致制造业、劳动密集型行业发展过早受阻，收入分配结构恶化等。如果不得到有效控制，将迟滞城镇化乃至整个现代化进程。必须加强调控、保持房地产市场持续健康发展，决不能把房地产作为刺激经济增长、增加地方财政收入的手段，否则必将是饮鸩止渴、后患无穷。根本是要深入贯彻习近平总书记关于"坚持房子是用来住的、不是用来炒的"重要指示精神，全面落实因城施策，稳地价、稳房价、稳预期，健全长效机制，完善住房市场体系和住房保障体系。其中一条重要措施是稳妥推进房地产税。这是发达国家的经验，是房地产市场的基础制度，是抑制房地产投资投机的治本之策，也对健全以直接税、财产税为主体的直接税体系具有重要意义。这件事关系重大。应在试点的基础上稳妥推进，以房地产税带动长效机制建设。

新型城镇化既可带动居民增加消费，又可拉动有效投资，是最大内需潜力所在，也是扩大投资和消费的结合点。据估算，每增加1个城镇人口，就能拉动投资约4.5万元、消费支出近2万元，按每年进城1400万人计算，未来五年有几万亿元投资消费需求。"十四五"规划《建议》要求，推进城市更新工程。我国现有城镇老旧小区30多万个，涉及居民7300万户，按每户改造投入5万元估算，直接投资将超过3.6万亿元。2021年新开工改造城镇老旧小区5.3万个，"十四五"期间，要完成2000年底前建成的22万个老旧小区改造，基本完成大城市老旧小区改造，还要改造一批大型老旧街区，需要直接投资达几万亿元。

（五）加快推动绿色低碳发展

生态环境问题本质上是发展方式、经济结构和消费模式问题。推动高质量发展，必须加强生态环境治理。我们要按照习近平总书记的要求和党中央决策部署，坚持绿水青山就是金山银山理念，促进经济社会发展全面绿色转型，建设人与自然和谐共生的现代化。这里主要谈一下碳达峰碳中和问题。

气候变化是人类面临的全球性问题，随着各国二氧化碳排放，温室气体猛增，对生命系统形成威胁。在这一背景下，各国以全球协约方式减排温室气体，提出碳排放目标。碳达峰，就是二氧化碳的排放不再增长，达到峰值后逐步下降。碳中和，就是一国在一定时间内，直接或间接产生的温室气体排放总量，通过植树造林、节能减排等形式，抵消自身产生的二氧化碳排放量，实现二氧化碳"零排放"。

2020年9月，习近平总书记向全世界作出庄严承诺，我国力争于2030年前二氧化碳排放达到峰值，努力争取2060年前实现碳中和。2020年12月，习近平总书记进一步宣布我国提高国家自主贡献力度的新举措。一个时期以来，习近平总书记就推进碳达峰碳中和问题发表一系列重要讲话，对有关工作作出重要部署。对此，我们要认真学习领会。

第一，应对气候变化是我国推动高质量发展的内在要求，这不是别人要我们做，而是我们自己要做。推进碳达峰碳中和，有利于加快形成绿色生产生活方式，有利于改善环境质量，提升生态系统服务功能，也能够培育形成新的经济增长点，推动实现高质量发展。同时，我国提高国家自主贡献力度，也是基于推动构建人类命运共同体的责任担当，是负责任大国应尽的国际义务。我国是全球气候治理的坚定践行者，积极参与和引领应对气候变化国际合作，推动达成气候变化《巴黎协定》，全面履行《联合国气候变化框架公约》，设立气候变化南南合作基金，与各国携手共建一个清洁美丽的世界。

第二，实现碳达峰碳中和目标，对于我们来说挑战巨大，需要付出长期艰苦努力。多年来，特别是党的十八大以来，我们坚持绿色发展理念，持续推进节能减排、改善环境质量，提升生态系统质量和稳定性。我国可再生能源领域的投资、装机和发电量连续多年稳居全球第一，新能源汽车保有量占全球一半以上。2020年与2005年相比，单位GDP能源消耗累计下降达42%，减少二氧化碳排放约49亿吨。我们已经提前实现了2020年碳排放强度比2005年下降40%—45%的承诺。取得的成绩是显著的，但实现碳达峰碳中和目标，我们面临的挑战也是巨大的。一方面，我们面临着能源刚性需求的压力。我国作为世界上最大的发展中国家，正处于新型工业化、信息化、城镇化、农业现代化深入发展阶段，能源消费需求还会继续攀升。这是实现碳达峰碳中和目标的巨大挑战。另一方面，我们面临着能源结构和产业结构调整的压力。我国能源禀赋的特点是煤多、油少、气缺。目前煤在一次能源消费中的比重为57%。今后我国煤的消费占比会逐步下降，但短期内改变以煤为主的能源结构难度很大。这些年，我国石油、天然气消费量不断增长，对外依存度持续提高。近年来，我国大力推进煤电清洁化发展，但是煤电的高碳排放特征并没有改变。2020年全国新增煤电装机4000万千瓦，累计装机容量达10.8亿千瓦，同比增长3.8%。我国要继续发展水电、风电、光电等可再生能源，但高比例可再生能源接入，影响电力系统抗干扰能力。国内外因此发生连锁故障、大面积停电的例子很多。由于消纳能力原因，近几年新能源存在"边建边弃"、"窝电"与"弃电"并存现象。同时，我国产业结构的绿色低碳调整也需要一个相当长的过程。

第三，要统筹发展与减排，确保能源安全，脚踏实地实现碳达峰碳中和目标。实现碳达峰碳中和是一场广泛而深刻的经济社会系统性变革，要坚定不移推进，但不可能毕其功于一役。近来在实际工作中出现一些问题，有的搞"碳冲锋"，有的搞"一刀切"、运动式"减碳"，甚至出现"拉闸限电"现象，这都是违背经济规律的。要坚持全国统筹、节约优先、双轮驱动、内外畅通、防范风险的原则，坚持先立后破、通盘考虑，保障能源供应，有序推进能源低碳转型。要重点做好以下几项工作。一要构建清洁低碳安全高效的现代能源体系。继续在加强煤炭清洁高效利用上想办法、找出路，这既利于保障能源安全，也利于减少污染排放。要科学规划煤炭开发布局，加快输煤输电大通道建设，提高煤炭集中利用水平。在保障电力稳定供应、满足电力需求的前提下推进现有煤电机组节煤减排改造，新建项目要严格执行煤耗等最新技术标准。控制化石能源总量，着力提高利用效能，实施可再生能源替代行动，深化电力体制改革，逐步构建新型电力系统。传统能源逐步退出要建立在新能源安全可靠的替代基础上。二要实施重点行业领域减污降碳行动。工业领域要推进绿色制造，建筑领域要提升节能标准，交通领域要加快形成绿色低碳运输方式。三要推动绿色低碳技术实现重大突破。抓紧部署低碳前沿技术研究，加快推广应用减污降碳技术，建立完善绿色低碳技术评估、交易体系和科技创新服务平台。四要完善绿色低碳政策和市场体系。要科学考核，新增可再生能源和原料用能不纳入能源消费总量控制，创造条件尽早实现能耗"双控"向碳排放总量和强度"双控"转变，加快形成减污降碳的激励约束机制，防止简单层层分解。要完善有利于绿色低碳发展的财税、价格、金融、土地、政府采购等政策，加快推进碳排放权交易，积极发展绿色金融。五要倡导绿色低碳生活。深入开展绿色生活创建行动，倡导绿色低碳的消费模式和生活方式。建立统一的绿色产品标准、认证、标识体系，完善节能家电、高效照明产品、节水器具推广机制，鼓励绿色出行，倡导绿色低碳生活新时尚。六要提升生态系统碳汇能力。强化国土空间规划和用途管控，有效发挥森林、草原、湿地、海洋、土壤、冻土的固碳作用，提升生态系统碳汇增量。

（六）推进全面深化改革和高水平开放

改革开放是决定当代中国前途命运的关键一招。只有坚定不移推进改革，坚定不移扩大开放，破除制约高质量发展、高品质生活的体制机制障碍，强化有利于提高资源配置效率、有利于调动全社会积极性的重大改革开放举措，才能持续增强发展动力和活力。

新时期深化改革，要坚持和完善社会主义基本经济制度，充分发挥市场在资源配置中的决定性作用，更好发挥政府作用，推动有效市场和有为政府更好结合。重点是激发各类市场主体活力，完善宏观经济治理，建立现代财税金融体制，建设高标准市场体系，加快转变政府职能。要加快营造市场化、法治化、国际化营商环境。这些年，通过持续推进改革，我国营商环境明显改善，在全球的营商环境排名上升较快。但要看到，与市场主体期待相比，与国际先进水平相比，我国营商环境仍有较大的差距。要进一步破除市场准入障碍，完善市场准入负面清单制度，各类审批和备案管理措施都要纳入清单，必要的生产经营许可审批要进一步简化，实行动态调整，及时向社会公布。要坚持放管结合、并重推进，把有效监管作为简政放权的必要保障，加强对取消或下放审批事项的事中事后监管，提升监管能力。

习近平总书记指出，过去40多年中国经济发展是在开放条件下取得的，未来中国经济实现高质量发展也必须在更加开放的条件下进行。高质量发展是体现新发展理念的发展，因而也必须是开放的发展。我国经济已经深度融入世界，要在扩大开放中构建新发展格局，必须更好利用国际国内两个市场、两种资源，加快培育国际经济合作和竞争新优势。综合来看，我国开放水平高于一般发展中国家，但低于发达国家。在当前经济全球化遭遇挫折、保护主义抬头的情况下，我们要坚定不移推进开放，更好利用两个市场、两种资源，这是我们自身发展的需要。要坚持实施更大范围、更宽领域、更深层次对外开放，进一步放宽市场准入，落实好准入后国民待遇。要高质量共建"一带一路"，有序推进重大项目建设，提升对外投资合作质量效益，防范化解对外债权风险。我国已经加入区域全面经济伙伴关系协定（RCEP）等高水平自贸协定，要加强与国际通行经贸规则对接，推动完善国内相关法律法规、监管规则、质量标准等规范，对内外资企业一视同仁、公平对待，让我国始终成为外商青睐的投资热土和贸易伙伴。

（七）改善人民生活品质

推动高质量发展的根本目的是为了更好增进民生福祉，民生不断改善、生活品质逐步提升也有利于高质量发展。要坚持把实现好、维护好、发展好最广大人民根本利益作为发展的出发点和落脚点，尽力而为、量力而行，健全基本公共服务体系，完善共建共治共享的社会治理制度，扎实推动共同富裕。需要指出的是，我国还是发展中国家，不能搞超越发展阶段的"福利主义"，要在推动高质量发展基础上，不断改善民生。从政府来说主要是保障基本民生，同时要充分调动社会力量积极性，多渠道增加公共服务供给，更好满足人民群众多层次多样化需求，不断增强人民群众获得感、幸福感、安全感，促进人的全面发展和社会全面进步。

第一，要逐步提高人民收入水平。要坚持居民收入增长和经济增长基本同步、劳动报酬提高和劳动生产率提高基本同步，优化收入分配结构。"十四五"规划《建议》和《纲要》对此进行了系统部署。一是拓展居民收入增长渠道。要坚持按劳分配为主体、多种分配方式并存，提高劳动报酬在初次分配中的比重。根据计算，2018年我国劳动报酬在初次分配总收入中的占比为52%。发达国家这一比重一般在60%左右或更高。工资是劳动报酬的主体，要完善工资制度，健全工资决定、合理增长和支付保障机制。完善按要素分配政策制度，健全各类生产要素由市场决定报酬的机制，探索通过土地、资本等要素使用权、收益权增加中低收入群体要素收入。完善国有企业市场化薪酬分配机制。改革完善体现岗位绩效和分级分类管理的事业单位薪酬制度。二是扩大中等收入群体。我国中等收入的标准是家庭年可支配收入10万—50万元。中等收入群体生活比较宽裕，消费意愿和消费能力较强，是形成强大国内市场的重要支撑。要完善相关机制，使越来越多的低收入人员上升到中等收入群体里，逐步形成两头小、中间大的橄榄型分配结构。三是完善再分配机制。加大税收、社会保障、转移支付等调节力度和精准性，合理调节过高收入，取缔非法收入。完善兜底保障标准动态调整机制。

第二，要实施就业优先战略。就业是最大的民生。从第七次全国人口普查数据看，虽然2010年至2020年我国16至59岁劳动年龄人口减少4000多万人，但总规模仍然较大，有8.8亿人。当前和今后一个时期，我国就业的总量压力和结构矛盾并存。在总量方面，"十四五"

时期，每年需在城镇就业的新成长劳动力约1400万人、其中高校毕业生900万人以上，每年还有几百万农村劳动力需要转移就业，就业压力很大。在结构方面，主要表现为劳动力需求和供给不匹配，招工难和就业难并存，技能劳动者特别是高技能人才短缺，有关方面估计仅制造业缺口就超过2000万人。要坚持经济发展的就业导向，强化就业优先政策，扩大就业容量，提升就业质量，更加注重缓解结构性就业矛盾，努力实现更加充分更高质量就业。完善高校毕业生、农民工、退役军人等重点群体就业支持体系，帮扶残疾人、零就业家庭成员等困难人员就业。完善与就业容量挂钩的产业政策，支持吸纳就业能力强的服务业、中小微企业和劳动密集型企业发展。注重发展技能密集型产业，支持和规范发展新就业形态，建立促进创业带动就业、多渠道灵活就业机制。健全终身技能培训制度，持续大规模开展职业技能培训，大力培养技术技能人才，全面提升劳动者就业创业能力。健全覆盖城乡的就业公共服务体系，为劳动者和企业免费提供政策咨询、职业介绍、用工指导等服务。

第三，要建设高质量教育体系。教育事关国家发展、民族振兴和社会进步。要全面贯彻党的教育方针，构建高质量教育体系，培养德智体美劳全面发展的社会主义建设者和接班人。一是推进基本公共教育均等化。义务教育在国民教育体系中具有基础性地位，当前城乡、区域、校际差距还比较大。要大力推动义务教育优质均衡发展和城乡一体化。顺应农民子女越来越多到城镇上学的趋势，加快城镇学校扩容增位。对乡村小规模学校和乡镇寄宿制学校，要改善条件。保障农业转移人口随迁子女平等享有基本公共教育服务。加快补齐农村办学条件短板，健全教师工资保障长效机制，改善乡村教师待遇。二是以适应高质量发展需要为导向，构建更加多元的高等教育体系。分类建设一流大学和一流学科，优化区域高等教育资源布局，加快培养理工农医类专业紧缺人才，加快优化学科专业结构。三是增强职业技术教育适应性。我国有近 9 亿劳动力资源，尽管技能人才总量已经超过 2 亿人，但高技能人才只有 5000 多万人。2019 年起，国家实施了高职扩招"三年行动"，高职院校扩招 300 万人。要引导学生和家长像崇尚科学一样崇尚技能，让更多学生报考职业院校，拓展技能人才发展空间和职业上升通道。

第四，要健全多层次社会保障体系。社会保障是民生安全网、社会稳定器。我国养老、医疗、失业、社会救助等社会保障制度不断完善，但仍有不少短板。要坚持应保尽保原则，按照兜底线、织密网、建机制的要求，加快健全覆盖全民、统筹城乡、公平统一、可持续的多层次社会保障体系。要健全农民工、灵活就业人员、新业态就业人员参加社会保险制度，实现社会保险法定人群全覆盖。完善城镇职工基本养老金合理调整机制，逐步提高城乡居民基础养老金标准。目前我国基本养老保险基金累计结余 4.7 万亿元，全国社保基金管理的资产总额也超过 2.4 万亿元，总体上当期收支能够平衡、且略有结余。但部分地区养老保险基金收不抵支甚至用尽历年结余，不可持续问题比较突出。对部分基金收支缺口较大甚至已经"穿底"的省份，中央适当予以支持。社会保险统筹层次越高，互济性和抗风险能力就越强。国际上养老保险制度比较完善的国家，大部分实行全国统筹。过去我国企业职工基本养老保险制度统筹层次较低，随着城镇化加速推进、人口老龄化加快发展、人口向东部沿海发达地区加速流动，地区间基本养老保险基金收支不平衡、负担畸轻畸重的问题进一步凸显，对养老保险制度完善和可持续发展提出新的挑战，必须推动尽快实现全国统筹。2020 年我们实现了基本养老省级统筹，"十四五"实现基本养老保险全国统筹，失业保险、工伤保险省级统筹。推动全国统筹的一项重要举措是加大基金中央调剂力度。2018 年我国建立了企业职工基本养老保险基金中央调剂制度，截至 2020 年底，上解比例已提高到 4%，全年调剂金总规模约 7400 亿元，其中跨省调剂的基金达 1768 亿元。2021 年要继续提高中央调剂比例，加大调剂力度，提高中央调剂基金的使用效率，进一步加大对企业养老保险基金收支困难省份的支持力度。

第五，要全面推进健康中国建设。"十三五"时期，我国卫生健康事业取得新的巨大成就，人均预期寿命从2015年的76.3岁提高到2019年的77.3岁，主要健康指标居于中高收入国家前列。当前，我国面临着传统传染病和慢性疾病的双重威胁。除了新冠肺炎疫情外，每年报告的其他各类传染病超过1000万例；慢性疾病方面，全国心脑血管疾病超过2.6亿例，恶性肿瘤每年新发病例超过300万例，还有儿童肥胖、近视问题也非常突出。"十四五"时期要通过深化改革优化资源配置，突出关口前移、重心下移。一方面，要坚持预防为主，加大疾病预防控制体系改革力度，提高疾病预防处置能力。这也是维护健康最经济的手段。据世界卫生组织调查，预防上多投入1元钱，就可以减少治疗支出8.5元，并节约100元抢救费。要健全医疗救治、科技支撑、物资保障体系，提高应对突发公共卫生事件能力。另一方面，要改革医疗体系，提高医疗服务能力，推动更多医疗资源下沉，实现分级诊疗。当前，我国医疗资源配置不均衡，优质医疗资源大都集中在大城市、大医院，群众患大小病都到这些地方就诊，不仅导致看病难，还增加了额外非医疗支出，加剧了看病贵。通过分级诊疗，不仅方便群众，也可以显著降低医疗费用。要加快发展健康产业，促进产品、技术和服务创新与群众多样化需求更好对接。据世卫组织 2017 年发布的报告，全球抑郁症患者超过3 亿人，平均发病率 4.4%。据国内有关医疗机构调查测算，我国抑郁症患者约有 9500 万人，其中女性占 65%；青少年抑郁症发病率明显上升，抑郁症检出率达 24.6%，其中重度抑郁的检出率为 7.4%。要加强精神卫生和心理健康工作，高度重视青少年的心理健康问题，争取早发现、早干预。要提升健康教育、慢病管理和残疾康复服务质量。深入开展爱国卫生运动，促进全民养成文明健康生活方式。完善全民健身公共服务体系。

第六，要促进人口长期均衡发展，提高人口素质。人口是影响经济社会发展的基础性、全局性、战略性问题。改革开放以来，人口红利被公认为经济快速发展的重要动力之一。从第七次全国人口普查数据看，近年来人口形势发生了重大变化，生育率快速下滑、人口老龄化进一步加深。如何应对好这些重大挑战，事关我国社会主义现代化建设全局。要制定实施人口长期发展战略，促进人口长期均衡发展，推动人口红利逐步向人才红利转变。

要积极应对生育率下滑问题。2020 年，我国新出生人口 1200 万，育龄妇女总和生育率（指一国家或地区的妇女在育龄期间，每名妇女平均生育子女数量）为 1.3，低于原来预期的 1.8 的水平，更低于 2.1 的正常人口更替水平。基于国外经验和我国人口的惯性来看，我国人口低速增长的态势将在未来一段时间内继续保持。人口增长与生育政策、人口年龄结构、人们的生育观念、生育成本、公共卫生和健康水平等诸多因素有关。应对生育率下滑问题要综合施策。一是优化生育政策。调整人口政策要有提前量，生育政策调整一般要15—20年才能对劳动力供给产生影响。"十四五"规划《建议》提出要增强生育政策包容性，提高优生优育服务水平。要推进一对夫妻可以生育三个子女政策及配套支持措施落实。二是降低生育、养育、教育成本。当前婴幼儿托育服务供需矛盾较为突出，学前三年毛入园率为85.2%、普惠性幼儿园覆盖率80.2%、0—3岁婴幼儿入托率只有4.1%，很多双职工家庭面临幼儿无人照看的难题。要大力发展普惠托育服务体系。健全支持婴幼儿照护服务和早期发展的政策体系，"十四五"时期每千人拥有3岁以下婴幼儿托位数从1.8个增加到4.5个。要严格落实城镇小区配套园政策，积极发展多种形式的婴幼儿照护服务机构，鼓励有条件的用人单位提供婴幼儿照护服务，支持企事业单位和社会组织等社会力量提供普惠托育服务，鼓励幼儿园发展托幼一体化服务。

要积极应对人口老龄化。国际上一般把60岁以上老年人口占比超过10%，或者65岁以上老年人口占比超过7%，作为进入老龄化社会的标准。1999年底，我国正式步入老龄化社会，进入新千年后，老龄化程度进一步加深。目前我国是世界上人口老龄化程度比较高的国家之一，而且老龄化仍以较快速度发展。我国人口老龄化有几个明显的特征：一是老年人口规模庞大。60 岁以上老年人口超过 2.6 亿，占总人口的 18.7%，较 2010 年上升 5.44 个百分点，其中 65 岁及以上人口为 1.9 亿人，占 13.5%。二是老年人口增长速度快。"十四五"时期，我国将从轻度老龄化进入中度老龄化，60 岁以上老年人口占总人口的比重将超过 20%、65 岁及以上人口占比将超过 14%。2035 年左右将进入重度老龄化，60 岁以上老年人口占总人口的比重将超过 30%、65 岁及以上人口占比将超过 21%。三是高龄化趋势越来越明显。从老年人口内部的年龄构成来看，80 岁及以上人口所占的比重持续增加。四是老龄化程度的区域差距明显。全国除了西藏地区以外，所有省份都步入了老龄社会，尤其是东北三省、四川、重庆以及长江中下游省份的老龄化程度更高。五是与发达国家相比，我国老龄化呈现出未富先老等特点。

人口老龄化是今后我国较长一段时期的基本国情，对我国发展带来重大挑战。这将减少劳动力的供给数量、降低消费倾向、增加家庭养老负担和基本公共服务供给压力，但同时应看到，如果应对得好，也可化危为机。一要积极开发老龄人力资源，发展银发经济。在 60 岁及以上人口中，60—69岁的"低龄"老年人口占55.8%，这些低龄老年人大多具有一定的知识、经验、技能优势，且身体状况尚可，发挥余热和作用的潜力较大。其中高考制度改革以后的前几届大学毕业生大都进入退休年龄，应当采取适当方式让他们发挥余热，继续创造价值。要引导企业提供适合老年人的产品和服务。二要健全基本养老服务体系。人人都会老，家家有老人。老年人有幸福的晚年，年轻人才有可期的未来。我国养老以居家和社区养老为主，这是国情和传统文化决定的。当前，养老难成为一个突出矛盾。要积极推动养老事业和养老产业协同发展，大力发展普惠型养老服务，支持家庭承担养老功能，构建居家社区机构相协调、医养康养相结合的养老服务体系，形成适合我国国情的养老模式。要支持家庭承担养老功能、发挥家庭养老基础作用，完善社区居家养老服务网络、推进公共设施适老化改造，加大对社区日间照料中心、托老所等配套设施建设投入，为老年人提供"家门口"的养老服务。有的地方以政府购买服务方式引入社会力量发展社区养老，政府免费提供场地和水电气，企业和社会组织为老人提供餐饮、休闲娱乐、健康监测、上门保洁等多种服务，这种模式值得推广。现在我国有4000多万失能半失能老人，按3∶1的国际标准，大约需要1000多万养老护理员，但目前专业养老护理员不足50万人，缺口巨大。要大力加强养老护理人员队伍建设，完善从业人员工资、培训、社会保障等政策体系。在推进智能化过程中，要注意老年人的特点，提供更多适老产品和无障碍服务。三要加强健康养老。长寿而不健康，是老龄社会需要关注的重大问题。目前我国人均预期寿命已达 77.3 岁，但健康预期寿命不足 69 岁，也就是说老年人有 8 年时间是"带病生存"。现在，全国经常性卫生费用中，用于治疗的医疗费用约 4 万亿元，其中 40% 都用于老年人。"十四五"时期，要推动全社会树立大健康理念，从"以疾病治疗为中心"转向"以健康为中心"，优化对老年人服务，大幅增加老年医疗卫生和医养结合服务供给，让老年人更健康、更快乐、更幸福。

（八）防范化解重大风险

安全是发展的前提，发展是安全的保障。我国只要不发生重大风险，发展无非是快一点慢一点问题。当前和今后一个时期是我国各类矛盾和风险易发多发期，各种可以预见和难以预见的风险因素明显增多。必须高度重视防范和化解影响我国现代化进程的各种风险，筑牢国家安全屏障。要坚持统筹发展和安全，把安全发展贯穿国家发展各领域和全过程，加强国家安全体系和能力建设，确保国家经济安全，保障人民生命安全，维护社会稳定和安全。要树立底线思维，把困难估计得更充分一些，把风险思考得更深入一些，注重堵漏洞、强弱项，下好先手棋、打好主动仗，有效防范化解各类风险挑战，确保高质量发展得以在安全的环境中推进，同时以高质量发展为国家安全提供有力支撑。

四、如何保障实现高质量发展

推动高质量发展是一场涉及思维方式和价值观念、生产方式和生活方式等的深刻社会变革，必须综合施策，确保高质量发展不断取得成效。

一要坚持和加强党的全面领导。习近平总书记深刻指出："党是总揽全局、协调各方的"，"能不能保持经济社会持续健康发展，从根本上讲取决于党在经济社会发展中的领导核心作用发挥得好不好。"推动经济社会高质量发展，必须坚持和加强党的全面领导、加强党中央集中统一领导，坚持和完善党领导经济社会发展的体制机制，坚持和完善中国特色社会主义制度，不断提高贯彻新发展理念、构建新发展格局、推动高质量发展的能力和水平，以高质量党建推动高质量发展。

二要坚持把"两个维护"要求落实到推动高质量发展各方面全过程。回顾党的十八大以来走过的历程确实极不平凡，取得的成绩确实来之不易、成之惟艰。尤其在极不寻常的 2020 年，多个"灰犀牛"、"黑天鹅"事件接连出现。百年不遇的新冠肺炎疫情突如其来，严重洪涝灾害多地发生，外部环境风高浪急，世界经济深度衰退，政治、经济、文化、军事、社会、国际、自然等领域的挑战纷至沓来。应对这些挑战，每一场都是硬仗，如果应对不当都会带来严重后果。特别是疫情防控，我们在没有经验可以借鉴的情况下，果断采取最全面、最严格、最彻底的防控措施，在全球率先控制住了疫情。在习近平总书记的亲自指挥、亲自部署下，经过全国上下艰苦卓绝的努力，我们打赢了一场又一场硬仗，取得了一个又一个胜利。反观其他一些国家，仅应对新冠肺炎疫情这一个挑战，就手忙脚乱，疫情形势持续恶化，经济衰退、民生困顿、社会失序。如果像我们这样同时应对多个交织叠加的挑战，会是什么情况？答案是显而易见的。伟大成就的取得，关键在于党中央权威和集中统一领导，根本在于有习近平总书记这个党中央的核心、全党的核心举旗定向、掌舵领航。新时代伟大实践充分证明，习近平总书记是伟大时代产生的众望所归的伟大领袖和坚强核心，具有非凡政治智慧、高超领导能力、强大人格魅力、深厚人民情怀。"两个维护"是党的领导的最高政治原则和根本政治规矩，坚持党对经济社会发展的全面领导，首先必须做到"两个维护"，按习近平总书记的要求去做。发展仍然是我们党执政兴国的第一要务。推动高质量发展是重大政治任务。只要我们党的各级组织和领导干部不折不扣按照习近平总书记的要求和党中央决策部署去做，不断增强政治判断力、政治领悟力、政治执行力，善于从政治上领会把握党中央精神、从政治上贯彻落实党中央要求，始终胸怀"国之大者"抓落实，把"两个维护"落实到推动经济社会高质量发展的具体工作中、实际行动上，就一定能创造新的历史奇迹。

三要提高党员干部运用党的创新理论解决高质量发展实际问题的能力和水平。习近平新时代中国特色社会主义思想是当代中国马克思主义、21世纪马克思主义，是中华文化和中国精神的时代精华。党的十八大以来，我们党之所以能够领导人民铸就新时代的新辉煌，根本在于有习近平新时代中国特色社会主义思想的科学指引，在于这一重要思想的强大信仰伟力、真理伟力、实践伟力。立足新发展阶段、贯彻新发展理念、构建新发展格局、推动高质量发展，必须始终坚持用习近平新时代中国特色社会主义思想武装头脑、指导实践、推动工作，始终高举这一伟大思想旗帜。2021年开展的党史学习教育，聚焦学习感悟习近平新时代中国特色社会主义思想伟力这个首要，坚持学党史、悟思想、办实事、开新局，在"六个进一步"上下功夫，必将进一步提高全党学思用党的创新理论、解决实际问题的能力和水平。要通过加强学习培训、健全考核评价体系，推动各级领导干部发展观念转变和知识能力提升，成为贯彻新发展理念、构建新发展格局、推动高质量发展的行家里手。

四要发挥党的强大组织优势和高素质人才队伍建设的支撑保障作用。习近平总书记指出，我们党建立了包括党的中央组织、地方组织、基层组织在内的严密组织体系，这是世界上任何其他政党都不具有的强大优势。党的十八大以来，党中央突出加强了党的组织建设，党组织的政治功能和组织功能明显增强，有力促进了经济社会持续健康发展。推动高质量发展，更加需要把各方面力量"组织起来"、智慧"凝聚起来"。这就要求进一步严密组织体系，提高各层级各领域党组织建设的质量和水平，把党的组织优势巩固好、发展好、发挥好。毛主席讲过，政治路线确定之后，干部就是决定的因素。推动高质量发展，对于干部队伍和人才队伍的政治能力、战略眼光、专业水平、工作作风都提出了很高的要求。习近平总书记强调，要全方位培养、引进、用好人才，充分激发人才创新活力。要大力加强人才工作，完善人才工作体系，深化人才发展体制机制改革，健全科技人才评价体系，抓住有利时机引进更多国际一流人才，强化重点人才培养支持措施，为推动高质量发展提供强有力的人才支撑。

历史发展是有其内在大逻辑的。新中国成立以来，我们党领导人民战胜无数艰难险阻，创造了世所罕见的经济快速发展奇迹和社会长期稳定奇迹。2020年我们又夺取了抗疫斗争的重大战略成果，是全球唯一实现经济正增长的经济体，再次展现了中国共产党的伟大力量，展现了 14 亿多中国人民的伟大力量，展现了中国特色社会主义制度和国家治理体系的伟大力量。面对推动高质量发展这一新的重大任务，只要我们在以习近平同志为核心的党中央坚强领导下，以习近平新时代中国特色社会主义思想为指导，增强"四个意识"、坚定"四个自信"、做到"两个维护"，不忘初心、牢记使命，砥砺前行、不懈奋斗，就一定能不断夺取经济社会高质量发展的新成就，在新时代创造中华民族新的更大奇迹！

（作者系国务院研究室党组书记、主任）

一、实施积极的财政政策和稳健的货币政策

建议在更多领域更大范围
推广施行财政资金直达模式

刘军民　　乔尚奎

新增中央财政资金直达市县基层、直接惠企利民，是支持地方做好"六稳"工作、落实"六保"任务的重要举措。直达机制能有力推动和保障中央宏观政策及时落地、快速见效，建议及时总结经验和成效，创造条件在更多领域更大范围推广施行这一做法。

一、资金直达机制是财政管理的重大创新

长期以来，一些财政资金特别是专项转移支付资金通常采取"切块下达、层层分解、逐级拨付"的方式管理运行，导致资金拨付使用进度慢、时效差，并出现闲置沉淀现象，不仅严重影响财政资金使用效率，也容易发生截留挪用、虚报冒领、套取骗取等违规操作和腐败风险。《2019 年度中央预算执行和其他财政收支

的审计工作报告》显示，19 省在收到 2.4 万亿元中央转移支付后，省级及以下财政分解下达平均用时长达 125 天。由于审批程序复杂，资金拨付慢、到位迟滞，有的项目年底前又要考核预算执行进度，导致出现"突击花钱"等不良现象，有的地方为了规避被监督问责的风险，甚至不去申请中央专项资金。

为及时有力有效对冲疫情影响，今年中央财政通过增加赤字和发行抗疫特别国债新增安排 2 万亿元财政资金，全部转给地方用于"六稳""六保"等急需领域，采取特殊转移支付方式"一竿子插到底"，快速直达市县基层、直接惠企利民。截至 8 月上旬，实行直达管理的 1.7 万亿元财政资金，除按规定比例预留的抗疫特别国债资金外，97.8% 的部分已分配下达到市县，其中省级财政细化下达只用了不到 1 周时间。直达机制有力推动了减税降费措施落实，有效补充了基层财力缺口，对保就业、保基本民生、保市场主体和促进经济恢复性增长的效应逐步显现。

财政资金从中央国库直达市县基层、直接惠企利民，是财政资金分配下达方式的制度创新，是在保持现行财政管理体制不变、地方保障主体责任不变、资金分配权限不变的前提下，通过完善资金分配程序、压减中间流转环节，推动资金快速下达、精准拨付、高效使用。直达机制以改革资金拨付为切入口，不仅有效革除了以往预算执行慢、资金闲置沉淀和被截留挪用等"顽症痼疾"，也将倒逼预算编制、资金分配、资金监管等联动改革，推动进一步完善政府间财政关系和构建更加简约高效的现代财政制度。

二、在更多具备条件的领域推行资金直达机制

资金直达机制优势明显、成效显著。其他财政资金和部门专

项资金也可积极复制推广这一模式，尽可能减少中间环节，让更多资金坐上"直通车"快速直达基层、企业和群众，推动相关政策早落地、早见效。根据资金属性和预算管理特点，以下几个领域基本具备推行直达机制的条件，建议积极推进。

一是民生保障资金。民生资金很多属于转移性支出，主要包括社会保障支出、补贴性支出，给付对象明确，不涉及项目评审、招标投标、建设施工等环节，最有条件实施直达拨付机制。我国在 2004 年就对农民种粮补贴推行了"一卡通"，直补资金不经任何中间环节直接拨付到农民账户上，创建了快捷、便利、高效的资金发放"透明通道"，减少了资金被挪用和截留的风险。近年来，一些地方将农村危房改造补助资金、森林生态效益补偿资金、农机购置补助资金、大中型水库移民后期扶持资金、农村户厕改造补助资金、社会救助救济资金、职业技能提升补贴、老年人高龄补贴等财政惠民惠农补贴资金纳入"一卡通"信息平台统一发放，有的统一归并到社会保障卡发放，取得良好效果，受到群众欢迎。下一步，城乡义务教育中央补助资金、中央财政学生资助补助经费、企业职工基本养老保险中央调剂基金、城乡居民基本养老保险补助资金、基本医疗保险参保补助资金、就业补助资金、扶贫专项资金等一些直接用于保障基本民生的中央财政资金，都可创造条件通过国库集中支付，从中央国库直接拨付到政策对象或资金使用单位的户头上。

二是扶持企业资金。这次将支持减租降息等惠企纾困资金纳入直达管理机制，对企业来说是送去了"及时雨"，对保市场主体发挥了关键性作用。下一步，还可研究逐步将中央财政直接补助补贴企业的有关资金，如，中小企业发展专项资金、企业节能减排补助资金、可再生能源电价附加补助资金等，纳入直达机制或比照实行直达管理，通过国库集中支付直接拨付到经审核符合条件的企业账户上。

三是部分项目资金。项目资金分配是预算管理的难点，也是提高财政资金使用安全和绩效最有潜力的领域。应积极探索在建设项目领域实施资金直达，点对点拨付资金，推动资金直达项目执行单位和实施主体，有条件的甚至可将部分项目资金从国库直接支付到终端承包商、供应商以及提供劳务的农民工的银行卡里，这样不仅能加快项目落地和预算执行，还有利于解决长期以来存在的政府投资项目拖欠民营企业工程款、拖欠农民工工资等老大难问题。当然，这需要科学化精细化的项目预算管理作支撑：一方面，做好项目支出的细化分解，把预算落实到具体项目、具体科目、具体采购对象和承包单位，为实施资金直达拨付创造条件；另一方面，健全项目库管理，把项目储备库做实做细，加强投资计划与预算下达的衔接，切实让"资金跟着项目走"，推动尽快形成实物工作量。

上述仅是初步分析，建议财政部门会同业务主管部门对相关领域的专项资金进行系统梳理，分析纳入直达拨付机制的条件，提出具体时间表和路线图，条件成熟的要做到应纳尽纳。这项改革一定程度上会触及部门和地方的利益，但为推动中央重大政策及时落地见效、提高财政资金使用绩效、更好促进经济社会发展，应克服阻力向前推进。

三、健全资金直达的配套管理机制

确保直达机制有力有效、安全到位，需要健全预算分配、台账管理、资金监控等相关配套机制。

一是优化资金分配流程。扎实做好相关基础性工作，对于惠企利民资金，提前建立符合政策条件的对象名单，确保补助资金一经下达就可迅速落实到企、到户、到人，避免"钱等人"；对于项目资金，做好项目储备，完善项目库滚动管理，确保有成熟度较高、随时可启动的项目，避免"钱等项目"。疫情期间，一些地方将最低生活保障、特困救助等审核确认权限下放到乡镇和街道，并在临时救助领域开展"先行救助、后补手续"，把资金及时给付到困难群众，提升了救助效率，受到社会好评。有关方面也可借鉴这一做法，把基础程序前置、把基础工作做在前头。

二是健全实名制台账管理。实现资金精准直达，信息系统支撑至为关键。对单独下达的直达资金，可借鉴运用条形码、二维码等信息技术手段进行单独标识，建立实名制台账，确保直达基层、直接惠企利民的资金数据真实、账目清晰。同时建立定期对账机制，确保资金流向明确、可查可溯、账实相符，确保资金精准高效使用。

三是完善资金监控系统。资金直达不仅要快速高效，更要科学规范。财政部门已开发建设了联通中央、省、市、县各级财政的直达资金监控系统。目前系统资金下达分解的功能较为全面，但数据综合分析、问题及时发现功能还不够完备。下一步，应抓紧完善监控系统，丰富数据并加大整合利用力度，增强数据关联分析、差错纠错和风险预警功能，对直达资金进行全覆盖、全链条、动态化的跟踪监控，确保资金支出"最后一米"不走样。

关于完善专项债发行的几点建议

潘国俊

今年以来，专项债券发行进展顺利，有力满足了对应的项目资金需求，但也出现了发行利率上升等问题。专项债发行至今刚 5 年，未来要成为地方政府主要融资工具，还有较长的路要走，特别是发行管理、发行制度等还有待进一步探索和完善。建议抓住当前新增专项债规模大幅增加的时机，进一步改进发行管理，完善发行制度，为专项债借用还的可持续运行打好基础。

一、当前专项债发行中面临的几个问题和挑战

今年以来，专项债发行利率先降后升。前 4 个月平均发行利率持续走低，一度逼近 3% 的低水平，但此后回升明显，6 月份达到 3.42%。政府债务利息是财政刚性支出，必须确保按时足额支付，否则就是债务违约。截至 2019 年底，全国专项债余额 9.4 万亿元，再考虑今年新增 3.75 万亿元，预计到今年底达到 13.1 万亿

元。按 2019 年平均发行利率 3.43% 测算，一年的利息支出达到 4500 亿元。如果专项债规模继续扩大，加上一般债规模也不小，地方政府付息压力将显著上升。今年专项债发行利率上升，与债券发行密集有关，但也与发行制度不够完善等有关。

一是购买主体还不够广泛。我国地方债券集中在两大交易所和中央结算公司发行，购买主体是商业银行。目前，地方政府债券存量的 80% 以上由商业银行持有。从发达国家看，地方政府债券是金融机构、企业和个人投资的重要品种。相比之下，我国的非银行金融机构、企业和个人购买的规模较小，特别是个人购买的量非常小。2019 年全年商业银行柜台市场只发行了 150 亿元地方债，今年上半年就没有在柜台市场发行。专项债的销售集中在商业银行，既加大了人民银行货币投放压力，也不利于拓宽个人投资渠道，制约了专项债顺利发行。

二是发行期限明显拉长。近两年，专项债的平均发行期限快速拉长。2015—2018 年平均期限在 6—6.5 年之间，2019 年拉长到 10.3 年，比 2018 年长了 4.2 年；截至今年 7 月 10 日，平均发行期限达到 15.6 年，其中，10 年期及以上长期债券占 90%，较去年提高 56 个百分点。专项债券期限拉长，有利于匹配其项目建设和运营期限，但利率也较大幅度攀升。2020 年 6 月份，5 年期的专项债券利率为 2.65%，但 30 年期的达到 3.82%，高了 1.17 个百分点。同时，发行期限拉长，虽然减轻地方短期偿债压力，但也在一定程度上掩盖了地方长期债务风险。

三是专项债发行的市场化程度还不够高。一般情况下，债券的价格与风险相关，风险越高，价格也越高。目前，我国不同区域、不同品种的专项债定价差异不明显，不能体现不同地区债务风险水平，也不能反映不同项目的资质差异。由于风险溢价不够，市场投资机构更偏好优质地区、优质项目，资质相对较弱的地区吸引资金的能力不足。

四是信息透明度不够高。这几年，有关部门指导地方加大专项债信息披露力度，推进全国统一的地方政府债务信息公开平台建设。但公开的信息还不够细化，发行主体只能看到省份或计划单列市，看不到对应的市县名称；债券类别只能看到大类，看不到更详细的债券信息，包括对应项目情况、融资来源、预期收益等。

五是还本付息方式单一。目前的专项债券基本上是到期一次性还本，本金分期偿还的极少，在一定程度上降低了专项债的吸引力。

二、几点建议

地方债已成为我国第一大债券品种，其发行对金融市场、投资者等影响都很大。建议从多方面入手改进管理、完善制度，使专项债发行更加顺畅。

第一，拓宽专项债投资者范围。鼓励证券公司、基金、保险、非金融企业和个人等投资者参与投资，减轻发债压力。当前和今后一个时期，柜台发行还有很大空间。建议为个人购买专项债创造条件，适度提高柜台发行利率，增强专项债对个人投资者的吸引力。

第二，提高定价市场化水平。督促地方不得实施行政干预和窗口指导，不得通过财政资金存放、规定信贷目标等方式，施压金融机构购买专项债。完善地方政府债券收益率曲线，实现地方政府债券发行、交易合理定价。同时，进一步完善信用评级机制，使评级结果合理反映项目和地区差异。

第三，提高信息披露质量。市县级地方政府要定期公开债务限额、余额，以及经济财政状况、债券发行、存续期管理等信息，提高专项债发行管理透明度。逐步公开专项债对应的项目情况，让投资者了解专项债项目的投资运营状况。

第四，完善专项债本金偿还方式。鼓励专项债发行时采取本金分期偿还方式，既确保分期项目收益用于偿债，又平滑债券存续期内偿债压力。同时，合理搭配专项债发行的期限结构，以合理成本和较低风险满足筹资需要。

第五，保持流动性合理充裕。今年还要发行近1.5万亿元新增专项债。要加强财政货币政策协调配合，维持流动性合理充裕。同时，进一步深化利率市场化改革，引导市场利率整体下行。

专项债发行节奏加快
资金使用效率仍待提高

袁鹰

今年新增专项债额度 3.75 万亿元，远高于 2019 年的 2.15 万亿元。时至年中，专项债发行使用情况如何？综合市场数据及券商机构对 8000 个专项债项目的梳理发现，上半年专项债发行节奏加快，发行成本下降；项目新开工和储备增多，投向基建、产业园和医疗卫生占比上升；东、中部地区项目申报较多。总体看，仍然存在项目质量不高，成熟度不足，对社会资本撬动能力弱等问题，需要采取多方面措施，提高专项债资金使用效益。

上半年专项债发行量增价降。一是专项债发行节奏明显加快。今年上半年专项债新券共发行 2.23 万亿元，远高于去年同期的 1.39 万亿元，也超过去年全年发行规模。其中二季度发行 1.15 万亿元，对应项目计划总投资达 8.4 万亿元。6 月份为与特别国债错峰，发行有所放缓。地方债发行放量的同时，发行利率中枢明显下移。10 年期地方债发行加权利率，从去年 12 月的 3.43% 下降至今年 6 月的 3.07%。10 年以上期限占比同比大幅上升。二是项目新开工和储备增多。二季度，专项债支持的项目新开工占比大幅提升至 45.3%，明显高于一季度的 26.6%；同时，新开工项目建设节奏有所加快，新开工项目平均建设周期为 43 个月，明显低于在建项目平均的 62 个月左右。此外，3—4 月份项目申报明显增多，为稳投资提供项目储备。三是专项债投向产业园和医疗卫生增多。1—2 月专项债投向基建占比较高。3 月以来，投向以医疗卫生等为代表的社会事业的比例，由 1—2 月的 12.9% 抬升至 3—6 月的 36.2%。四是东、中部地区项目申报和新开工较多。疫情背景下，以出口为导向的部分东部地区，不仅受国内疫情的影响，还受海外疫情对出口等的拖累，稳增长诉求上升，专项债发行、项目申报等规模明显增长。专项债支持项目中，东、中部新开工占比均超 45%。

但总体看，专项债资金使用效率仍有待提高。一是项目质量影响专项债等财政资金使用效率。现金流相对较好的项目占比较少，较难实现融资收益平衡。统计样本中，项目本息覆盖倍数（本息覆盖倍数 = 项目收益合计 / 融资还本付息合计，这是衡量项目偿债能力的指标）大多在 1.5 倍以内、占比接近 50%。偏弱的项目现金流，使得项目资本金比例较高，社会投资占比低。二是地方政府高杠杆也掣肘专项债等财政资金使用效率。地方政府投入资本金和专项债作为配套资金合计比例大多接近 100%，意味着专项债资金对社会资本的杠杆撬动效应较弱。三是部分项目成熟度欠缺。部分地区前期规划与整体准备不足，难以在短时间内有效规划优质项目，仓促上马的项目相互间关联性较低，后续难以形成群聚效应。部分地区由于手续办理和施工进度滞后等原因，出现地方债资金闲置问题。四是部分项目存在资金占用问题。有的主要用于偿还债务，未转化为实物量。有的地方在财政压力有所加大的情况下，打占用专项债资金的主意。

建议完善相关制度，采取多方面措施提高专项债资金使用效益。一是继续完善地方政府专项债分配方式。对基础相对薄弱的地区，通过调整专项债结构如增加公路债券等方式给予必要支持。同时遏制一些地区"等靠要"做法，支持力度可实行"累退制"或根据绩效进行相应增减调整。二是杜绝资金闲置。应加强专项债项目的规划，减少地方抢跑行为。加强项目安排协调，加快开工进度，尽快形成实物工作量。三是严格"专项债、专项用"。应加强审计，对违规问题发现一起、查处一起，确保专项债资金用在"刀刃"上。四是发挥专项债拉动社会投资的作用。在投向上更聚焦于国家重大战略和重大项目上，对部分项目如老旧小区改造项目应采取措施尽力增厚项目收益，增加对社会资本的吸引力，更好提振社会投资。五是提高专项债市场流动性。截至今年6月末，地方政府债券余额占债券市场比重为34.1%，但在二级市场成交额占比仅为8.6%。应通过多种措施激活专项债市场流动性，推动加快专项债发行进度，降低发行成本，提高资金使用效能。

中小银行补充资本和完善治理
关键在于优化股权结构、创新股权制度

宋立

《政府工作报告》提出，推动中小银行补充资本和完善治理，标志着新一轮中小银行股权改革开始。多年前，中小银行已经经历了一轮股权改革，主要是解决一些中小银行设立时形成的地方国有股"一股独大"问题，通过引入"战略投资者"形成了以社会资本为主的股权与治理格局。但从实际效果看，一些社会资本"战略投资者"重蹈了地方国有股的覆辙，形成了新的"一股独大"。推动中小银行补充资本和完善治理，需要着力解决这一问题，除了优化和加强外部监管，急需构建有效的内部制衡机制。

一、中小银行补充资本、完善治理必须严把"三股"关

上一轮改革中，针对地方国有股的"一股独大"问题，临时救急性地引入了社会资本战略投资者，起到了一定的积极作用，但

客观上在一些银行引入了"坏股东"，甚至是"引狼入室"，让一些中小银行沦为大股东的"提款机"。从地方国有股无意之中的"一股独大"，到有的社会资本战略投资者重复"一股独大"，反映了中小银行股权制度的缺陷。这一轮中小银行补充资本和完善治理，需要解决股东资质、持股管制和股权结构三个关键问题。

一是坚决把住股东资质关，确保银行掌握在"好股东"手中。银行投资者大致有两类，一类是自身没有融资需求的机构，主要是金融机构等，在理论上基本属于"好股东"，但现阶段数量相对有限；另一类是自身具有融资需求的机构，主要是工商企业等，既是投资者也是融资者，存在从所投资银行获取资金的主观意图，这是当前机构投资者的主体，究竟是"好股东"还是"坏股东"当前基本上要靠碰运气。解决这一问题，必须严格股东资质和关联交易监管。持有银行股份的机构，不仅自身要符合规定，没有不良信用记录，确保金融机构股权掌握在"好机构"手中，其董事、监事和高级管理人员个人也必须没有不良记录，确保金融机构具体掌握在"好人"手中。

二是严格把控持股限制关，防止银行被"坏股东"成片占领。从当前暴露的问题看，大部分被大股东非法占用资金的是单个银行，也有一些股东通过各种途径，同时成为多个银行的实际控制人，"成片"地非法获取资金，形成"系列"不良资产。因此，一般工商企业由于其自身具有融资需求，作为银行股东时与其关联方及一致行动人，必须严格遵守"两参"或"一控"监管规定。监管部门和地方政府，不能为了引进战略投资者而放松监管力度。对没有融资需求的金融机构等专门成立银行投资控股公司或基金、并参控股地方性中小银行，可考虑适当放宽限制，以发挥其专业投资优势。

三是科学把握股权结构关，建立有效的银行内部制衡机制。从前两轮实践看，银行股权既不能太分散，也不能太集中。太分散了容易形成管理层"内部人控制"，为了绩效薪酬而激进经营；太集中了容易出现大股东"一股独大"，非法占有银行资金。从中小银行设立之初的情况看，限制地方国有股"一股独大"是必要的。地方国有股退出或减持后，由于一般投资者基本处于"散户"状态，难以形成有效的制衡力量，限制战略投资者的"一股独大"同样十分必要。这一问题到了非解决不可的时候，本轮改革要有针对性措施。

二、关键是把握好地方国有股、社会资本战略投资者和其他投资者的定位与权重

首先，坚持以社会资本为主的格局，但要防止新引进的战略投资者"一股独大"。改革中既要引入新的战略投资者以补充资本，也要解决现有战略投资者的"一股独大"问题，还要避免股权过于分散、形成管理层"内部人控制"。这就对投资者提出了很高的要求，不能有什么算什么，引来什么是什么，而要坚持以社会资本为主的基本方向，统筹规划、合理把握。

其次，保持一定比例的地方国有股是必要的，但不能走"一股独大"回头路。实践证明，在没有地方国有股的情况下，中小社会投资者难以形成有效的制衡机制，容易出现战略投资者"一股独大"。本轮改革中，通过发行地方专项债支持中小银行补充资本，从政策设计上属于过渡安排，理论上先由地方国有机构阶段性持有中小银行股份，在找到合适的"战略投资者"之后，地方国有股即可实现转让退出。从现阶段的客观现实看，需要也必须

由地方国有股担当"坐镇监督制衡者"角色。从这个意义上讲，保持一定比例的地方国有股，如至少一个董事席位，对形成有效的制衡机制十分必要。

再次，以制度创新培育新的机构投资者，形成稳定有效的三角形股权格局。从市场结构看，地方国有股和民营战略投资者的"双头"结构具有内在不稳定性，要形成持续有效的内部制衡机制，需要形成战略投资者、地方国有股和其他有监督能力股东的"三角形"股权结构和内部制衡机制。寻找新的投资者特别是机构投资者，形成有监督能力而无贷款需求的股东队伍，是中小银行优化股权、完善治理的长久之计。考虑到地方国资部门、国有企业、本地和外地民营企业等，本身都有融资需求，在现有圈子里转来转去、选来选去，可以选来临时救火的股东，不一定能选出长期稳健发展的"好股东"。需要转换思路，从找股东、选股东变为培育股东、创造股东，创造和培育新的机构投资者，形成有效的监督制衡力量。从可能性来看，中小银行职工、当地干部群众和优质中小银行股东、专业化银行控股公司等，都有望成为有监督能力而无融资需求的"好股东"。个人投资者如果采取"散户"股东形式，一方面具体监管规定不允许，另一方面也无助于改变现有银行股东困局。如果以某种制度化形式组织起来、设立新型机构投资者，则不仅可以为中小银行改革提供新的资本来源，也有助于优化股权结构和完善治理。

三、创新投资方式、培育新型机构投资者"好股东"

解决中小银行的股权与治理问题，亟待推进具有制度创新的改革。应将中小银行补充资本、完善治理和深化改革结合起来，在培育新型机构投资者股东方面有所突破。

一是探索银行员工和当地职工以职工持股会或投资基金方式参股当地中小银行。银行员工持股有利于调动职工积极性，及早发现大股东和管理层的不当行为，形成有效的内在监督制衡机制。可以探索职工持股会模式，由银行职工及其家属等直接关系人自愿出资设立持股会并持有银行股权，力争一个董事席位，参与银行治理。

考虑到中小银行规模小、员工少的现实，可以扩大到中小银行所在地干部职工，借鉴加拿大"职工出资的创业投资基金"（LSVCCs）模式，由银行工会或专业性银行投资人发起设立，银行员工、当地职工及其他具备投资能力的人员自愿参加，以股权投资基金形式组织起来，内部监督与外部监督结合，对社会资本战略投资者和地方国有股形成一定的监督制约。

二是允许优质银行股东或银行管理机构设立银行投资基金或控股公司参股地方中小银行。优质中小银行经营稳健，其主要股东和管理层经验丰富，对其他中小银行的稳健发展具有借鉴促进作用。可以允许其主要股东和管理层，出资发起设立专门投资地方性中小银行的股权投资基金，参控股各地中小银行，同时借鉴澳大利亚本迪戈社区银行经验，输出管理经验和后台服务。也可以将运作规范的农信社省联社改制为地方银行控股公司，参股地方中小银行并提供管理服务。

银行敢贷愿贷能贷难点在"多存少贷"机构、重点在能力建设

宋立

不敢贷、不愿贷、不能贷是银行服务实体经济的突出问题。为了强化对稳企业的金融支持,《政府工作报告》提出要完善考核激励机制,鼓励银行敢贷、愿贷、能贷。从对一些银行的调查看,难点在于"多存少贷"的银行机构,重点在于提高银行的项目风险识别能力,增强贷款投放意愿。

一、"不敢贷、不愿贷、不能贷"是制约银行服务实体经济的突出问题

银行是吸收存款并用以发放贷款的专业机构,发放贷款是银行区别于专门储蓄机构的本质特征。过去一段时期,一些银行及其业务人员出现了一定程度的"不敢贷、不愿贷、不能贷"倾向。总的看,银行敢不敢贷,取决于对项目风险的识别能力。愿不愿

贷，主要取决于银行的激励机制和业务人员的担当作为。能不能贷，除了受制于团队和个人的对项目风险的识别能力，还取决于经办机构的贷款权限、企业资信和当地信用环境等。归纳起来，主要受制于管理部门对银行的监管要求、股东对银行和银行内部的考核机制、银行对分支机构的授权、银行对项目风险的识别能力，以及信贷人员的责任追究等五个方面的因素。

近年来，管理部门和银行着力解决银行对分支机构合理授权、对小微企业合理授信和对员工合理激励"三个合理"等问题，银行分支机构和业务人员发放信贷的积极性、主动性有所提高，不敢贷、不愿贷、不能贷有所缓解，但仍未有效解决。从点上看，一些银行机构"多存少贷"问题比较突出，有的甚至"只存不贷"，是银行敢贷、愿贷、能贷的最大难点，必须抓紧解决。从面上看，银行机构项目风险识别能力不足是全行业普遍问题，需要久久为功持续改进。

二、建立存贷比下限考核，解决严重"多存少贷"问题

银行机构特别是一些基层网点，"多存少贷"甚至"只存不贷"是20世纪末国有银行改革以来出现的新问题，是"不敢贷、不愿贷、不能贷"最突出的表现。即便在近年来不断强调改进银行对实体经济金融服务的大背景下，仍然有不少机构存在明显的"多存少贷"问题。有的机构网点基本"只存不贷"，蜕化为只吸收存款的储蓄所和将本地资金向外转移的"抽水机"。

存贷比是银行贷款与存款的比值，原本是对商业银行制定的监管指标，《商业银行法》曾经规定商业银行存贷比不得超过75%，以防银行经营过于激进，发生支付危机。《商业银行法》修

订后存贷比从监管要求变为监测指标，并适当增加了弹性。就实质而言，存贷比指标本身设计是"不对称"的，对银行只设上限没有下限，意味着商业银行贷款超过一定比例是不可以的，但不贷款则是可以的，且只对总行法人机构进行考核。背后蕴含的监管思路是在20世纪90年代末期东亚金融危机后形成的，属于风险防范导向，而不是防范风险与金融服务平衡导向，客观上促生或放任了一些银行为了防范风险，宁愿少贷甚至不贷的片面做法。

防止银行分支机构"储蓄所化"，堵上多存少贷、只存不贷的渠道。从宏观政策导向看，我国已经从资金严重供不应求转变为总体平衡、出现过剩，国家不再需要专门的储蓄机构动员并向上汇集资金。从经济合理性看，由于牌照限制，储蓄市场并非有效竞争市场，银行的内部资金调拨也并非完全的市场行为。一般商业银行吸收的存款大部分是当地"内生性"存款，如果不在当地投放，通过银行内部纵向系统抽向外地，必然对当地经济形成不必要的"漏出"效应，既不符合效率原则，也不符合公平原则。从现实必要性看，当前外出务工人员等"侨汇性"储蓄主要由邮政储蓄银行办理，且邮储已经对广大城乡基本实现了全覆盖，一般商业银行分支机构没有必要蜕变成为专门吸收存款的"储蓄所"。

建立存贷比下限监测，引导多存少贷机构重视当地贷款投放。2008年次贷危机后的最新研究已经再次证明了其必要性与合理性。新修订的《社区再投资法案》对一些条款进行了完善，但在本地放款的基本要求没有变。建议研究完善存贷比监测指标，既监测上限，也监测下限；既监测总行和省级分行，也监测市县支行。要对县域银行机构制定本地投放比例，并纳入宏观审慎评估。对连续三年达不到下限要求的银行机构，责令暂停存款业务进行整改。

建立市县范围金融机构头寸定向调节机制，防止中西部县域资金过度非市场化外流。对于受当地产业限制等原因，难以发放当地贷款的银行资金，应优先在县市范围内进行调剂，允许当地城商行、股份制银行当地分支机构定向拆借。不能跳过区域拆借环节，直接由省级分行或总行将县市机构资金抽走，进行非市场化的内部行政调拨，这样既不符合经济规律，也与促进区域协调发展的政策导向相违背。

三、加快补齐能力建设短板、重塑银行信贷投放模式

一个时期以来，制造业贷款比重逐步降低，银行对企业贷款"凡贷必保、凡贷必押"，以及过度发展住房抵押贷款等"反常"现象，实际上都是不能贷的表现。根本原因是银行缺乏识别项目风险的能力，只能求助于抵押担保，或者倚重不需要识别项目风险、只需要查看贷款人资信的简单业务。

透过监管政策和激励机制等因素看，银行不敢贷、不愿贷、不能贷的深层次原因，主要在于银行风险识别能力的不足和传统信贷投放模式的局限。发达国家银行注重招聘具有科技背景、具备项目风险识别优势的理工科背景金融硕博士从事信贷或投资业务。相比之下，我国四大行人员中，中专以下占10%左右、大专占30%左右，合计40%，基本上是银行学校等毕业，适合柜台存款业务。大学本科占50%，硕士占5%左右，主要是金融专业毕业，适合银行综合管理、财务、风控等中后台业务。可见，四大行现有人员知识和专业结构适合吸收存款，并不适应项目贷款。同时，长期形成的业务模式和银行文化也是更适合拉存款而不是放贷款。

加快风险识别能力建设。一方面，加快建设信息化的风险识别与内控系统。我国银行在人员结构方面的缺陷，短时间难以改变，应充分发挥我国的后发优势，利用大数据等金融科技手段，完善和强化项目风险识别与风险内控系统。另一方面，优化关键岗位人员知识结构和专业结构，提高风险识别能力。科技手段可以弥补我国银行的短板，但并不是万能的，难以全面替代人员的作用。建议在加快推进信息化的同时，加快人员结构调整，优化知识和专业结构，大力吸收"理工科本科＋金融硕博"的复合型人员充实信贷部门。

探索适应新形势要求的信贷投放模式。现行信贷模式下银行难贷款、企业贷款难，有些银行并不尽力开发零售贷款，通过"通道"批发资金支持非银机构从事影子银行业务，不仅加大了企业贷款难度和融资成本，也造成贷款重复计算、人为抬高杠杆率，重塑银行信贷模式势在必行。一是强化防范风险与加强服务平衡的指导思想，要合理设定各级分支机构的经营目标，既要避免不顾风险一味追逐短期利润，也要避免一味消极防范风险不顾其他目标。二是建立积极放贷意识，短缺经济时期形成的资金动员意识难以适应新时期把资金投放下去的需要，应改消极被动放贷为积极主动放贷。三是淡化"官行"意识，改"坐贾"为"行商"，变坐办公室审查贷款文件为多下企业、多跑基层、多接地气，多调查研究企业和项目的具体情况。四是调整监管导向，优化监管考核评价体系，增加信贷投放考核，引导银行在防范风险的同时积极改进信贷服务。

做好货币信贷政策衔接过渡
保持明年金融调控精准适度

宋立　　杨祎　　袁鹰

今年以来，为应对疫情冲击、保住市场主体，国家出台了一系列支持政策。目前，我国经济恢复持续提速、态势向好，但面临的困难和风险也仍然较多，复苏基础尚不稳固，需进一步创新和完善宏观调控，促进经济持续平稳恢复。从金融调控看，明年应根据形势变化需要，继续实施稳健的货币政策，注重精准适度，把握好三个关键：一是维持稳健取向不变，保持政策的连续性；二是合理把握调控力度与节奏，既不失之过宽，避免应急政策长期化带来的副作用，也不收之过紧过急，防止政策急转弯导致企业资金链条断裂，引发风险集中暴露；三是进一步提升调控精准性，加强对薄弱领域的定向支持。对于前期出台的应急政策，应分类处理，做好衔接过渡，确保平稳有序。

一、有减有保有增，调整优化金融政策

疫情期间出台的各项金融支持政策，临时应急性的可自然退出，当前形势仍然需要的应继续实施，具有长期性的政策应进一步完善，发挥好应有作用。

（一）应急性融资支持政策可自然退出

疫情期间推出的3000亿元抗疫保供专项再贷款、5000亿元支农支小再贷款再贴现、1万亿元普惠型再贷款再贴现，以及政策性银行增加的3500亿元民营小微企业专项信贷额度和调增的6000亿元信贷计划等，主要是针对疫情冲击、为企业提供的应急性融资支持，待全部用完后可自动退出。

（二）延期还本付息和政府融资担保应保持力度

一是延期还本付息政策应阶段性延续。按照"退出一批，延期一批，核销一批"办法分类处理，即生产经营恢复正常的企业正常还本付息，面临较大困难仍处于恢复中的企业可再延长一段时间，确已形成不良贷款的要及时核销。对继续给予延期的贷款，可采取政策期限再延长半年；对实际延期期限较短的贷款进一步延期；对分期偿还贷款采取接续还款不要求一次性补齐延期本息等不同方式，具体由银企协商解决。

二是政府性融资担保应继续发挥保障作用。进一步督促各级政府性融资担保机构坚持扩大"支农支小"业务覆盖面，持续提高融资担保放大倍数，加大对重点领域企业、特别是服务业等行业小微企业的定向保障力度，支持银行加大信用贷款投放。

（三）"三贷"政策应进一步完善并加强

一是完善小微企业信用贷款支持工具。建议人民银行进一步加大对商业银行发放信用贷款的激励力度，并承担部分信用贷款

损失，以解决商业银行信用贷款风险分担问题。同时，进一步提高支持工具规模，完善对商业银行的支持方式，如可将"事后报销"制改为"事前预支"和"事后报销"相结合，缓解相关中小银行的流动性紧张问题，提高银行积极性。

二是加大对首贷开发的政策支持力度。建议监管部门进一步完善首贷户的认定标准、统计口径和评估标准，人民银行强化对银行首贷的激励，如将首贷开发纳入定向降准考核范围，对完成好的银行及时给予定向降准支持。

三是更好发挥无还本续贷替代作用。对经营恢复情况较好但暂时存在资金压力、一次性补齐延期贷款本息有困难的企业，可通过无还本续贷给予接续支持，采取"续贷本金、正常付息"的方式，避免对企业现金流产生过大冲击。人民银行前期对延期还本付息的再贷款支持资金，可部分转移到无还本续贷政策上来。

二、根据形势变化相机出台新的政策

针对明年可能的形势变化和经济恢复需要，稳健的货币政策应强化相机调控和跨周期调节，进一步研究出台新的金融政策，加大对重点领域的精准支持。

（一）视情斟酌使用降准降息政策

从国际比较和历史比较来看，目前我国商业银行存款准备金率和利率都还有进一步下降空间。

考虑到当前市场资金面边际收紧、中小银行负债成本上升、国债收益率明显上行、企业发债成本有所提高、汇率波动显著加大等问题，明年可继续采取全面降准和定向降准相结合，缓解中小银行资金压力。

同时，可视情进一步降息，以平抑企业融资成本上升，减缓因中美利差扩大带来的汇率波动等。具体可通过公开市场操作引导同业拆借利率和国债收益率下行，通过降低再贷款利率、中期借贷便利利率等政策利率引导贷款市场报价利率（LPR）稳中有降。

（二）加大对重点领域的信贷支持

一是保持制造业和小微企业贷款增速。2019年以来，国家连续对大型银行制造业贷款和小微企业贷款提出了明确的增长要求，大型银行都超额完成了任务。明年发展任务依然十分艰巨，对相关领域的融资支持需要保持一定力度，防止过快退坡引发企业融资紧缩。同时考虑到可持续性和风险控制，明年对大型银行制造业贷款和小微企业贷款增速要求不宜再加码。

二是加强对科技创新和重大项目政策性融资支持。关键核心技术攻坚、部分领域重大项目建设等对高质量发展具有十分重要的战略意义，但一般投入大、风险高、回报周期长，强行要求商业银行贷款支持有可能导致不良贷款增加，给予政策性资金支持既是必要的也是可行的。具体可综合运用抵押补充贷款、专项再贷款、财政资金等，设立政策性银行专项信贷计划和新的国家产业基金，加强对相关领域企业和项目的融资支持。

（三）进一步提高直接融资比重

一是加大对企业债券融资的支持。考虑到近期高评级债券违约对市场的冲击，以及部分企业潜在违约风险上升等问题，明年企业债券发行难度和成本可能上升，需提早做好应对。可进一步完善已有债券融资支持工具，适当放宽支持工具使用条件限制，进一步扩大支持工具规模，将对民营企业的支持扩大到各类企业，以支持更多企业发债融资。

　　二是加快健全长期资金进入资本市场机制。这是促进资本市场长期稳定繁荣的重要保障，明年应在相关制度建设上取得实质性进展。主要包括：进一步完善保险资金运用管理机制，推动保险资金投资权益类资产比例逐步向国际平均水平靠近。细化完善银行理财子公司投资管理配套政策，促进理财资金投资资本市场。进一步扩大资本市场对外开放，吸引国际长期资金加大配置比例。加快完善退市、交易等基础性制度，优化投融资环境，增强资本市场长期吸引力。

从科创板、创业板注册制试点看
"十四五"期间全面实行股票发行注册制

宋立

2019 年 7 月 22 日，科创板首批企业上市，注册制试点在我国股票市场首次成功落地。2020 年 8 月 24 日，创业板试点注册制首批公司上市，进一步将注册制从增量改革推广到了存量市场。《中共中央关于制定国民经济和社会发展第十四个五年规划和二〇三五年远景目标的建议》提出要全面实行股票发行注册制。综合考虑科创板、创业板试点经验和存量板块市场的特殊性，建议按照"先三板、再主板，配套先行、沪深同步"思路与顺序推进改革，力争"十四五"前期基本在全市场推广落实股票发行注册制。

一、科创板、创业板注册制试点取得了良好效果

目前，科创板和创业板试点注册制运行良好，推动 A 股融资

效率和规模显著提升，带动一系列资本市场基础制度改革取得进展，达到了改革的预期目标。

一是发行效率显著提升。与核准制相比，注册制建立了市场化的新股发行承销定价机制，企业发行上市的便利性明显提高。据统计，注册制下企业IPO申请从受理到完成注册平均用时6个多月，效率远高于核准制下平均超过一年的用时。

二是IPO规模大幅提高。据统计，截至11月30日，A股市场今年共有342家企业完成发行上市，比去年全年多78%；募资金额达4248亿元，比去年多74%，在离年底尚有1个月的情况下，已创近十年历史新高。

三是新兴产业融资显著增加。注册制多元化、包容性的发行上市条件，为"硬科技"、创新创业企业提供了更多上市机会。目前，计算机通信等电子设备制造业、医药制造业居今年IPO融资规模前两位，分别达987亿元和392亿元，合计占比33%。软件信息服务业募资303亿元，排名居第四。

四是带动了科技股投资热潮。注册制改革和融资增加并未对市场造成冲击，反而提升了市场对投资科技股的信心。近两年电子、医药、计算机等科技板块连续两年涨幅领先，今年科创50指数和创业板指分别上涨39%和46%，涨幅远高于其他重要指数。

二、全市场推广注册制的条件基本具备

伴随科创板、创业板市场注册制试点实施和相关配套改革的推进，尤其是创业板存量改革和注册制再次试点，为进一步推进主板、中小板等存量市场改革积累了经验，全市场实施注册制时

机趋于成熟。

一是注册制方式发行已成为 IPO 主流方式。今年初到目前，科创板和创业板注册制下 IPO 上市企业 176 家，占 A 股新上市企业的 51%；募资额共 2592 亿元，占 A 股 61%。从拟上市企业对上市板块的选择看，去创业板或科创板发行的占 78%，主板或中小板仅占 22%。

二是沪深主板市场推广注册制的"硬"条件基本具备。通过科创板和创业板试点注册制，沪深两个交易所在制度规则、技术系统、流程管理、人员配备等方面已具备基础。特别是经过沪深两市两次实践，注册制发行定价机制趋于成熟，向存量板块"复制"难度小，可以较快地借鉴、迁移至主板市场。

三是市场化运行机制、法律环境等"软"条件逐步形成。在试点注册制带动下，沪深两市资本市场基础制度改革取得积极进展。特别是以信息披露为中心的 IPO 发行定价、交易、再融资、退市等制度改革，明显增强了试点板块市场化约束力。新修订的《证券法》新增加的代表人诉讼、先行赔付等机制逐渐落实和完善，对违法违规行为的威慑力进一步提高。

三、全市场推广注册制需考虑主板等市场特殊性

全面实行注册制实际上就是在沪深主板、中小板和新三板市场推广注册制，应综合考虑这些板块特别是主板市场在市场规模、投资者结构和影响力等方面的特点，统筹设计、稳步推进。

一是主板等板块规模大、改革涉及利益广，应更重视基础制度改革。主板、中小板、新三板等公司数量多、市值大，涉及利益主体的广度和复杂度远高于科创板和创业板。目前，主板和中

小板存量市场共有股票 3012 只、总市值 69 万亿元，为科创板和创业板股票总数的 2.8 倍、总市值的 5.14 倍。与发行注册制改革相比，再融资、退市等配套制度改革对主板、中小板存量公司影响更大、更重要，应逐步先行改革。

二是主板等板块投资者进入门槛低、散户占比高，需要提前完善投资者保护制度。科创板设置了较高投资者进入门槛，投资者数量仅约 500 万人，机构投资者比例较高，运行稳健。创业板存量投资者约 5000 万人，开户门槛相对较低，个人投资者比重较高，有时难免出现非理性爆炒现象。主板、中小板存量投资者高达 1.75 亿人，个人投资者占比 99%，鱼龙混杂，改革必然给中小投资者保护工作带来严峻考验。需要在注册制和交易制度改革落地前，率先在打击证券违法违规行为、加强投资者保护方面取得实质性进展。

三是主板等板块运行影响面广、制约因素复杂，需更慎重选择改革时机。主板和中小板上市公司是上证综指、深证成指、沪深 300 等重要指数的主要构成部分，对我国资本市场经济晴雨表功能的实现，对投融资和消费等都有重要影响。与科创板、创业板以新兴产业企业为主不同，沪深主板、中小板以传统产业企业为主，对国内外政治经济形势、财政货币政策变化更加敏感，影响市场稳定性的因素更加复杂。推进主板等板块注册制改革，应充分考虑多方面因素，尽可能在国内外经济形势与环境相对稳定的时期进行。

四、全市场推广注册制需把握好思路顺序与节奏

综合考虑各方面因素，建议按照"先三板、再主板"顺序推

广注册制。主板市场作为注册制改革的重中之重，宜按"配套先行、沪深同步"的思路推进。在时间安排上，每年围绕注册制落地主推几项重大改革，力争"十四五"前期基本完成全市场推广注册制。

一是率先推进新三板注册制改革落地，进一步积累注册制改革经验。新三板定位于服务中小企业，运行相对独立，在沪深交易所和区域股权市场之间起到承上启下的作用，新三板向科创板、创业板转板政策已经明确。目前，新三板审核制度高度接近注册制有关要求，且投资者门槛高于其他板块，机构投资者占比高，实行注册制的条件最为成熟。

二是抓紧推进主板市场相关配套改革，为主板市场推广注册制创造条件。在主板市场注册制落地前，应将各项配套改革提前推进，引导投资者、中介机构、上市公司等存量市场主体适应制度变化，转变行为方式。特别是提早做好深市中小板与创业板的合并工作，为主板市场推进注册制扫清制度障碍。

三是条件成熟时，在沪深主板市场同步推进注册制改革。沪深两市主板市场各方面条件整体相近，如果分步推进注册制改革，反而会因制度落差引发反复的跨市场资金流动，建议沪深两市"同步推进"，使注册制整体圆满落地。从改革时机看，建议在上述配套改革完成、疫情对国内外经济影响基本消化的基础上，选择市场运行较平稳的时机推出。

四是持续推进后续改革，完善与板块定位相适应的交易制度差异化安排。全面实行注册制后，应根据各板块在市场定位、投资者门槛和估值水平等方面的区别，进一步完善各板块交易制度的差异化安排。科创板企业具有"硬科技"属性，专业性强、定价难度高、投资难度大，且投资者进入门槛高，需适时引入单日

T+0 和做市商等制度，完善融资融券等活跃市场交易的机制，以保持较充足的市场流动性和适度估值溢价。创业板有一定投资者进入门槛，投资者规模介于主板和科创板之间，也应引入部分提高市场流动性的交易制度安排。

"十四五"时期金融发展改革
应着重突出普惠性、科创性与数字化

宋立

十九届五中全会通过的《中共中央关于制定国民经济和社会发展规划第十四个五年规划和二〇三五年远景目标的建议》，对建立现代金融体制，构建金融有效支持实体经济的体制机制提出了新的要求。研究制定"十四五"规划纲要和金融改革发展专项规划，要认真学习领会五中全会精神，坚持以服务实体经济为方向，对金融体系进行结构性调整，大力提高直接融资比重，完善金融支持创新体系，发挥资本市场对于推动科技、资本和实体经济高水平循环的枢纽作用，提高金融科技水平，增强金融普惠性。总的看，"十四五"金融改革发展应突出普惠性、科创性与数字化。

一、推动金融体系结构性调整，提高直接融资比重

近年来，党中央、国务院高度重视改革完善资本市场基础制

度，大力推进注册制改革，健全常态化退市机制，加大对证券违法违规行为惩处力度，注重发挥资本市场枢纽作用。传统上我国企业外源性融资以银行贷款为主，但目前债券和股票融资比重较低的局面正在快速改变，直接融资比重明显提高。企业债券、地方政府债券和非金融企业股票融资占社会融资增量的比重从2016年的23.8%上升到了2019年的32.5%，信贷占比从72.8%下降到了58.6%。但股票融资比重不升反降，与实体经济特别是创新发展的需要与期待存在一定差距。

随着比较优势的变化，我国经济已经到了从主要依靠要素投入转向主要依靠创新驱动，从发展资本密集型产业转向发展技术密集型产业的阶段，贯彻新发展理念、构建新发展格局对于深化金融改革开放，推进金融体系结构性调整提出了新的要求。从国际经验看，以银行为主的金融体系比较适合风险分布比较规律的制造业等传统产业发展，以资本市场为主的金融体系在支持风险较大且分布不规律的新兴产业发展方面具有明显优势。"十四五"时期推进金融体系结构性调整，要进一步发展完善多层次资本市场体系，加快推动从以银行为主的金融体系向银行和资本市场并重的金融体系转变，突出资本市场对于推动科技、资本和实体经济高水平循环的枢纽作用，在提高直接融资比重方面取得决定性进展，进一步增强金融体系对实体经济的适配性。

二、以发展普惠金融为重点，推动银行体系提升普惠性水平

当前，我国银行体系仍然以大型银行为主导，中小银行相对较少，这与我国市场以中小企业为主的格局不太匹配，对实体经

济的有效覆盖不足。以每十万成年人对应的银行机构网点为例，目前我国为 8.8 个，约为韩国、德国的一半，仅为英国的三分之一、法国、日本的四分之一。更为突出的是，当前信用贷款比重偏低，银行对抵押担保过度依赖，"十贷九押"现象普遍。"十四五"时期的银行业改革发展与结构性调整，需要进一步突出普惠性，以适应实体经济特别是中小微企业需要。

一是进一步完善大中型银行普惠金融体制机制。为了改变不少银行把普惠金融服务作为"完成任务"的被动状况，可依托金融科技手段和产业链供应链等，完善银行授信和授权安排，下放普惠金融审批权限，发挥市县分支机构贴近基层优势，提高发展普惠金融的自觉性。国有银行要在完善普惠金融体制机制方面走在行业前面，对其他银行等作出表率。监管部门要通过完善监管考核等政策给予必要的支持。

二是加快重构银行信贷投放模式。一个时期以来对抵押和担保过度依赖，反映了银行信贷投放能力的根本缺陷。重塑银行信贷投放模式、提高银行信用贷款投放能力，应该成为"十四五"时期各类银行改革的紧迫任务。应优化人员知识结构和专业结构，注重信贷实战经验积累，同时依托先进科技，建立与新发展阶段金融服务需求相适应的现代投放新模式，改变银行贷款重抵押轻信用、基层支行储蓄所化倾向。

三是稳步推动民营社区银行常态化发展。可结合农信社、农商行等改革，重点发展以民营资本为主、股权结构合理、治理机制完善的股份制社区银行，坚持机构不出县、业务不出市、资金不出省，保障其服务中小微市场主体和"三农"的市场定位。

三、以支持创新发展为重点，推动资本市场科创化发展

我国资本市场在规模上已经接近发达国家，但市场结构与发达国家存在较大差异。我国仍以传统行业为主，领涨股固然体现了消费在内需中的主导模式，但毕竟属于不折不扣的传统行业。坚持创新在我国现代化建设中的核心地位，把科技自立自强作为国家发展的战略支撑，必然要求完善金融支持创新体系，优化多层次资本市场体系结构。

从资本市场内部看，传统股票债券市场属于更多被动适应实体经济融资需求的"需求导向型"金融体系；以创业投资、科创板和创业板市场为主的金融支持体系，属于能够主动服务乃至引领实体经济创新发展的"供给导向型"金融体系，在支持创新和新兴产业发展中具有更加积极、能动的作用。"十四五"时期的资本市场改革发展，应以增强科创性为重点，着力完善金融支持创新体系。

一是全面实行注册制、完善资本市场基础性制度。在总结科创板、创业板注册制试点经验的基础上，推进新三板注册制，稳步推进主板市场注册制改革，改革完善债券市场注册制。同时，着力健全上市公司退市机制，实现上市公司退市常态化。强化信息披露制度，坚决对欺诈等行为零容忍。

二是重点优化创业板块市场体系。我国创新创业活跃，潜在上市资源丰富，深沪"两创"板块恐怕难以满足创新创业"扩容"需求，有必要进一步改革优化创业板块市场体系。可借鉴国际经验，在优化交易所附属创业板市场的基础上，打造专门面向成长型小微企业的专业性创业板市场，形成"一专两附"创业板块市场体系新格局。可对新三板进行"交易所化"改造，把新三板打

造成专门针对小特精专企业、为沪深"两创"板块培育上市预备资源的初级交易所市场。

三是完善创业投资监管体制和发展政策。创业投资对于金融领域而言是一个小领域，但对于科技创新而言却是天大的事。创业投资与创业板市场的接力是推动科技创新的重要制度安排。我国已发展成为国际创业投资界重要力量，但将创业投资基金与私募证券投资基金等同管理的现行监管办法严重制约创业投资发展。坚持创新在我国现代化建设全局中的核心地位，需充分认识创业投资基金与私募证券投资基金的本质区别，对创业投资进行单独监管，单独制定发展政策。

四、积极发展"数字金融"，加快金融体系数字化改造

数字化对金融业既是新发展机遇，又是严峻挑战，应按照发展数字经济的要求，加快"数字金融"发展步伐，除稳妥推进数字货币研发外，还应加快金融机构和监管体系的数字化转型。

一方面，加快推进传统金融机构的数字化改造。传统金融机构特别是银行等受金融科技冲击明显的行业，应以发展普惠金融为依托，加快产品研发、业务运营、绩效考核、内部管理、风险控制等全流程、全方位数字化改造，以适应数字经济发展的客观需求，同时应对移动金融、互联网金融、智能金融等新业态、新模式带来的挑战，实现业务发展与时俱进，提高金融业整体数字化水平和竞争力。

另一方面，抓紧建立数字化的金融监管。金融监管同样需要适应金融科技和数字经济发展带来的机遇和挑战，加快建立基于互联网和大数据的金融基础设施和监管信息系统，保障金融基础

设施安全，提高金融监管的前瞻性和有效性，提高数字化监管能力和金融消费者保护能力，确保对金融数字化风险"看得懂、管得住、管得好"。

二、采取有力措施提振消费和扩大投资

多措并举促进消费扩容提质

——畅流通、促消费系列调研报告之一

史德信　冯晓岚　李强

畅通国内大循环、全面促进消费是构建新发展格局的重要内容。近期，我们邀请有关研究机构、行业协会和重点流通企业座谈，就有关问题进行了调研。总的看，近年来我国流通体系建设取得积极进展，居民消费持续扩大，呈现新的趋势性特点，同时畅流通、促消费还存在许多制约因素。建议顺应消费升级趋势，从多方面采取措施提升消费能力和意愿，尽快扭转消费复苏乏力局面，促进消费稳步扩容提质。

一、我国正处于新一轮消费变革期，消费发展呈现新的趋势性特点

2010—2019 年，我国人均 GDP 从 3.1 万元增加到 7.1 万元，社会消费品零售总额从 15.8 万亿元扩大到 41.2 万亿元，最终消费

率从 49.3% 上升到 55.4%。居民收入增长与新一轮科技创新和技术变革、人口结构变化等因素一起，推动消费领域发生重大变化。

一是对消费品质的更高要求引领消费升级。居民消费加快从规模扩张向质量提升转变，越来越注重消费品质、安全和体验。有关机构调查显示，40% 的消费者对品牌有偏好，57% 的消费者愿意多花钱购买优质商品。"90 后""00 后"追求时尚、健康、绿色消费的特点明显。同时，对消费便捷性的重视度上升。据《2019 年中国便利店发展报告》，我国便利店行业的销售额连续三年增速超过 18%，生鲜便利店等细分模式发展迅速。

二是服务消费占比持续增加。2019 年，我国服务消费占居民消费支出的比重达 45.9%，比 2013 年提高 6.2 个百分点。据测算，我国城镇居民食品、衣着、家庭设备消费的收入弹性分别为 0.64、0.59 和 0.81，医疗保健、交通通信、教育文化娱乐消费的收入弹性则分别为 2.18、2.22 和 1.5。目前每百户家庭拥有手机 253 部、彩电 121 台、空调 116 台、洗衣机 96 台、冰箱 101 台，耐用品消费已基本饱和，新增收入更多转向服务消费。

三是新消费业态和模式快速成长。2019 年，我国网上商品和服务零售额达 10.6 万亿元，相当于社会消费品零售总额的 1/4。疫情导致线上消费对线下消费的替代增强，今年前三季度，实物商品网上零售额同比增长 15.3%，占社会消费品零售总额比重升至 24.3%；快递业务量超过 560 亿件，同比增长 27.9%。同时，朋友圈营销、"网红餐厅"、"明星同款"等成为新消费热点。

四是下沉市场发展活力显著增强。2010—2019 年，城乡居民人均消费支出的比例由 3.1∶1 缩小到 2.1∶1，农村日益成为推动消费增长新兴力量。随着收入水平提高，农村居民对商品消费的改善性需求上升，对优质教育、医疗、文化娱乐等的需求持续扩大。

二、消费能力和意愿不足对扩消费形成显著制约

消费受有效供给、居民收入、资产负债、消费环境等多种因素影响。近年来，相关因素总体有收紧趋势，制约了居民消费能力和意愿，需要引起重视。

——商品和服务有效供给不足限制消费升级。这既有供给调整滞后于需求的原因，也有优质供给与需求对接不畅的原因。调查显示，国内食品和母婴用品在安全方面、钟表眼镜和珠宝首饰在设计方面、电器电子产品在功能方面，都与消费者的期待存在较大差距。相关企业调研发现，国内一批先进制造企业有技术、有工艺，产品质量也很好，但不善于品牌营销和推广，无法被消费者知晓。部分罕见病特效药也由于流通渠道不畅，导致患者买不到、药厂卖不掉。在服务领域，医疗、养老、教育等行业准入限制较多、市场化发育不足，"看病难""养老难""入托难"等问题仍是服务消费痛点。

——居民收入增长放缓抑制有效消费需求。1991—2000 年、2001—2010 年、2011—2019 年三个时间段内，我国居民人均可支配收入年均增速分别为 15.2%、12.9%、10.5%，2015 年以来每年均在 9% 以下，下降趋势明显。今年前三季度，全国居民人均可支配收入同比增长 3.9%，实际仅增长 0.6%，边际消费倾向较高的低收入群体、中小微企业、个体工商户受疫情冲击较大。调查显示，疫情影响最严重的一季度，国内月薪 4000 元以下的职位数下降 44%，雇员规模 100 人以下的小微企业职位数下降超 30%，而

月薪超 1.5 万元的职位数仅下降 12%。此外，我国社会保障水平总体较低，消费者基于医疗、养老、子女教育等考虑，倾向于把收入的较大比例用于预防性储蓄，挤占了当期消费。

——居民负债水平上升透支长期消费潜力。截至去年底，我国住户贷款总规模达 55.3 万亿元，是 2010 年底的 4.9 倍，今年 9 月份又上升到 61.4 万亿元，同比增长 14.7%。据测算，我国居民部门杠杆率去年底达 55.8%，今年三季度进一步升至 61.4%。调查显示，去年我国 56.5% 的城镇家庭有负债，其中房贷占总负债的 75.9%。有关机构调查显示，我国"90 后"借贷者人均负债 12.8 万元。

——市场规则制度不完善增加了消费障碍。我国在商贸流通领域还没有全国性立法，商业设施规划、新兴商业模式管理等方面缺乏上位法支撑。流通领域规则和标准体系不够完善，各部门标准缺乏统筹协调，很多非强制性标准不符合实际需要。服务市场秩序不规范，保姆虐待儿童老人、培训公司卷款跑路等常见诸报端，电商平台虚假宣传、低价倾销、大数据杀熟、伪劣商品泛滥等多发。此外，流通组织化程度不高、三四线城市和农村流通体系建设滞后，也对消费造成较大影响。

三、多措并举促进消费加快恢复和稳定增长

针对扩消费面临的突出矛盾和问题，建议着眼消费扩容提质，积极发展消费新业态、新模式，着力增加有效供给，促进中低收入群体增收，营造良好消费环境，为消费加快复苏和可持续增长创造有利条件。

一是大力发展新兴消费、推动消费升级。着眼畅通国内经济循环，全面评估当前的市场准入限制，放开社区养老、学前教育、医疗健康、休闲娱乐等服务业准入。加大 5G 网络、数据中心等信息基础设施建设和应用，支持远程医疗、网络教育、无接触配送等新型服务更好发展。鼓励各地建设消费示范中心、免税展示中心，支持电商平台加大品牌培育力度，将优质产品和服务推送到消费者手中。督促各地取消对汽车购买、二手车迁入等的不合理限制，加强对节能家电、智能家电、智能家居等消费升级的引导。

二是着力促进城乡居民尤其是中低收入群体增收。加强就业援助和服务，重点支持中低收入群体稳定和扩大就业。允许餐饮和零售等服务行业改变全日制用工模式、采用年度综合工时等用工形式，减少灵活就业限制。鼓励直播带货、专职司机、共享设计、网约配送等新就业形态发展，保护新型就业群体合法权益。加大对低收入群体专业技能培训、就业创业培训等的财政支持，提升就业质量和水平。加大对低收入群体的转移支付。

三是引导处理好远期消费与当期消费的关系。支持消费金融产品创新，为扩消费提供更多金融服务选项。同时着眼促进居民消费跨期平滑、防止大幅波动，完善长短期结合的债务风险评估机制，准确量化、识别和防控家庭债务风险，加强对消费金融类产品的监管，防止消费贷资金流入房地产，避免超出消费者能力的各种诱导式消费。完善社会保障，深化大病医疗保险改革，大力发展商业养老保险和商业健康保险，降低居民预防性储蓄动机。

四是着力营造消费友好型市场环境。加快推进商贸流通领域国家立法。加强行业标准清理和规范，支持有条件的行业协会、产业技术联盟牵头制定满足市场需要的标准，加大在法律法规、规范性文件中引用标准的力度。健全商品信息追溯体系，推动形成全国追溯数据统一共享交换机制。建立国家级消费者权益保护中心，加快发展第三方质量检验检测和认证服务，推进产品质量安全和服务自律承诺，完善食品药品等消费品召回制度。推动建立消费后评价制度，加大消费者司法救济。

提升流通效率重在优管理、立标准、补短板

——畅流通、促消费系列调研报告之二

史德信　李强　冯晓岚

流通一头连着生产，一头连着消费，在国民经济循环中处于重要位置。近年来，我国流通业规模不断扩大，流通设施和网络不断完善，流通业态、组织、渠道等创新加快。但与日新月异的技术变革、不断升级的消费需求相比，我国流通现代化水平总体还不高，不少堵点瓶颈需要尽快打通。

一、流通"大动脉"和"微循环"不够畅通

与国际先进水平相比，我国流通领域短板较多，这里面既有长期存在的老问题，也有最近出现的新情况；既有历史欠账需要补，也有增量需求待满足。

——流通基础设施建设和利用不充分、不协调。从设施建

设看，物流配送、流通网点发育不够，"最先一公里""末端一公里"问题突出；仓储配送设施、物流园区等流通资源未能有效整合，各类设施分散分割、重复布点情况严重。如一些地方的冷库项目建设不足和过热并存，存在较大投资风险。从物流结构看，铁路占全国货运量的比重不到 8%，运输成本较高的公路占比高达 78%，去年全国高速公路通行费收入 5551 亿元，其中货车收费超过一半。跨运输方式衔接不够，海铁联运比例仅为 2% 左右，而国际上这一比例通常在 20% 左右。从设施利用看，很多企业使用自有物流模式，第三方配送占比较低，货运车辆空驶率高达 37%，单车平均配送次数远低于发达国家。

——流通组织规模化、集约化程度低。传统流通方式仍占主流，流通环节多、交易次数高。如农产品从流转到市内配送，中间环节多达 5、6 道，流通费用占消费价格的 50%—60%。生鲜农产品冷链流程不完整，"脱链"现象多。据测算，每年流通环节发生的损失，粮食将近 8%，蔬菜超过 20%。

——流通标准化体系滞后。企业反映，我国流通标准体系明显跟不上需求和市场变化，具体表现在：国家强制标准要求较低，企业对推荐标准执行积极性不高，标准之间缺乏衔接等。由于不同企业各有自己的标准，进一步增加了分拣、包装等环节。如托盘标准不统一，物流操作需多次搬运，估计每年因此增加损耗约 400 亿元。农产品冷链有 164 项标准，有的方面存在标准"打架"。很多企业的商品编码不一致，相互转换增加了成本。

——市场主体发育不够完善。我国商贸流通业以中小微企业为主，占比 99% 以上，去年销售额 1000 亿以上的企业仅有 7 家。在搬运、包装、分拣、订单及数据处理等环节，很多企业仍以手工操作为主，差错率高、效率低。比如，目前注册的 78.9 万家公路货运企业，每家平均拥有车辆仅 2.5 辆；近万家快递企业只有少数规模过百亿。同时，商业模式和技术创新不够，很多企业过度依赖网点扩张和价格竞争，一些电商采用"烧钱"竞争模式，后遗症很大。

二、制约流通发展的体制机制障碍亟待破解

我国流通领域问题较多有经济发展阶段、居民消费水平等方面的原因，更主要在于现有体制机制、法规标准建设等与流通发展需求有不适应之处，流通管理和服务手段已跟不上市场实践发展。

一是流通管理过于分散、权责不够清晰。我国流通管理涉及发改、商务、交通、工信、公安、财政、市场监管等部门，无论是从某一环节看，还是从某种商品看，都涉及多个管理部门，一方面导致多头管理和职能交叉，另一方面又容易导致监管空白和盲点，有的监管责任难以落实到位。如农药残留超标等食品安全问题涉及农业、市场监管等部门，管理权限有一定交叠，一旦出现问题，责任较难明确。

二是管理和服务缺位、越位并存。一方面，面对不断涌现的流通新业态，监管和法规未能及时跟上，比如对电商平台、直播带货、线上支付等监管相对不足，对数据垄断、电商入驻保证金等一些新垄断行为难以认定等。另一方面，一些地方对流通领域介入过多、管制过严，比如有的地方对农产品批发市场等流通企业跨区域经营还存在准入、股比等或明或暗的限制；有的地方直接禁止地下超市从事现场加工；还有的地方竞相发展物流园区，在补贴方面恶性竞争。很多城市特别是一二线城市单纯考虑管理

需要，对市内仓储布局、运输车辆施加严格限制，导致企业仓储用地难、布局难、送货难。

三是对公益性流通基础设施支持不足。流通兼具竞争性和公益性特征，欧盟、日本等的流通基础设施多由政府统一规划并给予资金支持，而我国流通领域市场化进程较早，流通设施公益性和市场化的界限很不清晰。近年来，国家对公益性流通基础设施的投入相对较少，特别是农产品批发市场、产地初加工设施、应急物流设施、公共信息平台等方面还有很多欠账，如农产品产后处理设备化率仅为13.9%，远低于国际水平。这些领域投资规模大、收益低、回收期长，单靠市场力量难以满足需求。

四是流通企业税费负担较重。不少企业反映，流通企业可抵扣进项税少，人工、租金、路桥费等主要成本都不在抵扣范围内，税负压力较重。物流业中"交通运输服务"和"物流辅助服务"增值税率分别为9%、6%，但由于物流业各环节关联度高、不同业务难以有效划分，税率不一致对企业经营造成干扰。收费方面，高速公路通行费占我国物流企业整体运输成本的1/3左右，远高于欧盟。第三方支付通常收取0.4%—0.6%的费用，对大进大出的流通企业来说负担较重。目前商业用电价格远高于工业电价，且超市等商业用电主要集中在波峰时间，波峰波谷电价对这类企业十分不利。

三、从完善体制机制入手推动流通效率提升

针对流通领域存在的突出问题和体制机制障碍，建议加强对流通发展的整体谋划，加快完善管理和标准体系，加大对薄弱环节的投入，着力减轻企业负担，多方面促进流通效率提升。

一是加强对流通领域的统筹管理。建议成立跨部门议事协调机制，对流通领域重大问题进行研究和统一部署。探索实施流通领域的行政管理权力清单、部门责任清单，明确政府与市场的边界。建立对企业日常经营行为的容错机制，减少以罚款代替管理的现象。围绕流通管理服务中的缺位情况，尽快补上相关法规和制度短板，对破坏市场秩序、数字领域滥用市场支配地位的行为加大查处力度，纠正电商平台与商户签订的不合理条款。

二是加快推进流通领域标准化建设。针对流通领域标准体系复杂、部分标准陈旧过时、企业使用积极性不高等问题，"有破有立"，一方面及时补充完善市场需要的国家标准、行业标准、团体标准，另一方面加快清理过时落伍、不符合实际的标准。同时把工作重心放在推动各项标准的实施应用上，政府重在支持引导，中介组织发挥行业推动作用，产业技术联盟率先推广，骨干核心企业加快示范应用，提高大多数企业应用标准的积极性。

三是着力推动流通领域减税降费。探索将"货物运输服务"和"物流辅助服务"统一设置为"综合物流服务"税目，并适用6%的较低税率，既降低物流企业税负，也有利于促进物流业整体发展；完善个体司机带票运输等做法，帮助流通企业合规、便捷获取运输发票。通过建立"公示板""收费清单"等制度，规范农产品市场收费、卖场交易收费、电商平台收费、第三方支付收费等。探索实行商业工业统一电价，对社区便利店实施居民用电价格。通过适当延长收费时间降低高速收费标准，控制收费公路规模，杜绝公路"乱罚款"。

四是补齐流通基础设施建设短板。及时将一些优质物流项目纳入基建项目储备库，重点发展干线支线与配送之间、支线与末端之间的物流网络。通过PPP等方式鼓励社会资本进入，加大对中西部和农村地区商贸物流设施投资，解决"末端配送与投递一公里"问题。鼓励地方优化流通用地空间布局，合理预留社区商业、城市仓储、配送等流通设施用地。加大对冷链设施、农产品产地预处理设施等具有一定公益性项目的引导和财政扶持。

着眼破解供给"瓶颈"扩大服务消费

——畅流通、促消费系列调研报告之三

史德信　冯晓岚　李强

随着居民收入水平持续提高和现代信息技术广泛应用，近年来我国服务消费潜力不断释放。但我们调研发现，供给不足、质量不高是制约服务消费扩大的重要因素。建议进一步放宽限制，加大政策支持，促进服务业品质和效率提升，破解服务供给"瓶颈"，更好地扩内需、促就业、惠民生。

一、供给滞后是制约服务消费扩容升级的主要原因

我国居民服务消费近年来快速增长且呈现不少新特点，新业态层出不穷，夜间消费活力增强，线上消费占比提升且今年以来的疫情加强了这一趋势。和旺盛的消费需求相比，服务消费供给相对滞后，特别是消费性服务业发育不足。

——养老、健康、医疗等服务供给不足。以养老服务业为例，

截至 2019 年底全国 65 岁以上老人有 1.76 亿人，其中失能和半失能老人约 4200 万人，照护需求快速增长。但全国各类养老机构仅775 万张养老床位，每千名老年人平均 30.5 张；养老专业人才紧缺，护理员、老年人能力评估师供不应求；适合 65 岁以上老年人的商业健康保险产品比较少。

——低端供给同质化突出和高端供给短缺并存。据调查，服务业小店中年营业收入在 50 万元以下的占 88.7%，普遍存在特色不足、淘汰率高等问题。餐饮、歌厅、酒吧是不少城市夜间消费"老三样"，"娱乐＋购物"、"社交＋健康"等混搭业态较少。医疗美容等高品质服务供给不足，消费外流严重。据统计，2018 年我国有 10 万人赴韩国整形，占外国人赴韩国整形总人数的 71.4%。

——服务设施存在短板。如体育场馆偏少、设施不足，很多城市难以找到条件较好的网球场。城市商务区、旅游景点等与交通枢纽、停车场建设对接不足的现象较普遍，出行难、停车难拖累了服务消费扩大。据统计，2019 年北京小汽车停车位缺口达到466.1 万个，一些知名景点和热门商圈经常"一位难求"。

——服务市场秩序不规范。零售、餐饮等传统服务业从业人员职业素养普遍不高，家政、社区养老、日间照料等服务小、散、乱问题突出。新兴服务业发展不规范，消费纠纷较多。据中国消费者协会发布的受理投诉情况通报，今年第三季度受理的 22 万件投诉中，服务类占 51.9%，其中社会服务类、互联网服务、教育培训服务位居前三。

二、扩大服务供给存在限制偏多、法规标准滞后等障碍

与制造业相比，我国服务业市场准入还存在较多限制，经营成本高、法规标准滞后也对扩大服务供给、提升服务质量形成制约。此外，与发达国家相比，我国服务业人才供需矛盾相对突出，劳动者权益保护相对薄弱，不利于激发从业者积极性和推动行业创新发展。

——准入、监管等限制仍然较多。2019年版市场准入负面清单中针对制造业的许可准入有22项，针对各类服务业的多达89项。部分领域准入门槛较高，如开办医疗美容机构临床科室须设置4个二级科目，资质标准高于医疗美容大国。有些领域"大门开小门关"，如开办水上运动俱乐部并非负面清单禁止事项，但申请租赁水域使用权、俱乐部准入核准等核心环节政策不明确，地方政府不愿为民营企业"放行"。监管协调也不够，一些地方对"线上＋线下"服务消费的监管政策不兼容，线下可以经营的小餐饮被禁止在线上经营。

——要素成本仍然较高。企业反映，土地供给不足、水电气成本较高、融资难等问题突出。比如，由于养老产业回报低、利润少，一些地方政府向养老院提供建设用地的动力不足，利用闲置厂房、仓库等兴办社会服务机构的实施细则也不明确。又如，国务院规定养老机构水电气缴费按照生活类价格执行，但仍有民办养老院被要求按商业类价格缴费。由于服务企业营业高峰通常在晚上，被迫接受波峰电价，比单一电价多支付20%以上的电费。此外，消费性服务业多是轻资产行业，有效抵质押物缺乏导致贷款困难。浙江、广东等地养老机构反映，养老院自有房产属于经营性土地，不能办理抵押贷款。很多机构因此求助民间借贷，利

率通常在 10% 以上。

——行业法规标准建设相对滞后。一是法规建设滞后，除美发美容、洗染、家电维修等部分行业有部门规章外，新兴服务业少有行业性法规约束。我国立法仍以政府部门为主导，商协会、学会等社会组织作用发挥不够充分，未能及时反映企业真实诉求。二是标准认证体系不健全，有的行业缺乏全国性标准，如婴幼儿日托服务，只有个别地区出台了质量规范；有的行业标准零散，如家装行业污染物检测缺乏系统性标准，常出现单个部位检测合格、整房污染超标的情况；还有的标准未根据行业发展形势及时修订，企业不愿遵守。

——从业人员供需缺口较大。新兴服务业人才需求大，如健康照顾师、互联网营销师等职业未来 5 年的人员需求高达 9000 万人。传统服务业的从业人员供不应求，如货车司机岗位缺口在 1000 万人以上，且年龄断层严重，"90 后"年轻司机占比不足 20%；3 岁以下没有入托的婴幼儿近 4800 万人，保姆等家政服务人员缺口超过 3000 万人；在养老院从事医疗服务的人员无法进行职称评定，从业意愿不足造成人才紧缺。此外，服务业用工很多是非全日制，适应时薪制、计件工资等灵活就业特点的劳动保障制度仍不完善。有机构反映，灵活就业人员的五险一金、绩效奖金、带薪年假和节日福利水平低于全职员工，参加职工养老保险的比例也相对较低。

三、积极采取措施扩大服务供给、提升服务质效

针对扩大服务消费面临的突出障碍，建议聚焦供给侧，把增加服务供给数量、提升质量作为着力点，通过放宽限制、推动降

低要素成本、完善法规标准体系和加强人才队伍建设等措施，促进消费性服务供给数量、质量"双提升"。

一是放宽消费性服务业准入限制。按照"分类突破、试点推进"的思路，逐步降低服务业准入门槛。一方面，在完善市场准入"一业一证"改革试点的基础上，针对普惠型养老等供给严重不足的服务行业，在全国选取若干地区，试点放宽与设立养老机构相关的设施改造、消防、卫生等市场准入限制，优化流程。另一方面，选择特定区域对不涉及国家和个人安全、意识形态等问题的医疗、文化等领域，制定批量放宽市场准入的特别措施清单。对医疗美容机构等个性化程度较高的服务业态可推行分级准入制度，每个层级对应不同的业务范围。明确监管责任，加强部门和地区间的监管协调，对同一业态统一监管标准，消除监管盲区。

二是进一步推动降低服务企业要素成本。推动扩大消费性服务业供给和城市老旧小区改造规划深度融合，支持更多城市老旧设施改造为服务业用房，降低空置率。推动商业和工业用电同价，允许商业用户自主选择是否执行分时电价，为扩大夜间消费创造条件。允许营利性的养老、医疗、教育等服务机构利用有偿取得的房产、设施等进行抵押融资，支持发展养老服务业小额贴息贷款和应收账款质押贷款。

三是补齐法规标准"短板"。清理调整不符合实际需求的法规标准，补上家政、养老、托幼等领域法规和标准"短板"。支持行业协会、产业技术联盟等社会组织深度参与行业标准制定，为满足市场需要又尺度合适的团体标准提供上升为国家标准的机制性通道。鼓励有实力的服务企业开展兼并重组、连锁经营，率先应用统一的服务标准和质量规范。

四是加强服务业人才队伍建设。促进服务业从业人员职业化发展，支持行业协会、院校、企业和互联网平台联合开展服务业职业教育和实训，将平台企业纳入职业培训补贴范畴。推动职业技能等级认定与专业技术职称评审贯通机制尽快落地。将更多服务业从业人员纳入职工养老保险范畴，以提供基本保障为主调整灵活就业人员的社保参保门槛和支付标准，鼓励用人企业和劳动者按比例分担费用。

把改善消费环境
作为扩大县域消费的工作着力点

——畅流通、促消费系列调研报告之四

史德信　李强　冯晓岚

县域涵盖广大的小城镇和农村，占全国总人口的 69.7%，是我国消费市场的重要组成。调研发现，当前县域消费发展势头良好，呈现一些新的趋势特点，但也面临基础设施建设较为落后、流通体系发展滞后、优质商品和服务供给不足等问题，亟需积极采取措施优化县域消费环境，进一步激发和释放县域消费潜力。

一、当前县域消费发展呈现出一些新的趋势特点

随着我国县域基础设施逐步改善，城乡居民收入不断增加，互联网、智能手机广泛使用，县域消费呈现出一些新的发展趋势。

——农村消费增长显著快于城镇消费。2013—2019 年，农村居民人均消费支出由 7485 元增至 13328 元，翻了近一番，同期城

镇居民人均消费支出仅增长 51.8%。受疫情影响，今年前三季度农村居民人均消费支出微增 0.8%，城镇居民人均消费支出则下降了5.6%。与城镇居民相比，农村居民由于收入较低因而消费倾向相对较高，2019 年全国居民平均消费倾向为 70.2%，而农村居民平均消费倾向为 83.2%。

——人口流向变化催生消费新群体。随着农村劳动力向县城和乡镇转移、返乡创业就业的新生代农民工不断增多，农村人口向县城和乡镇聚集的趋势日益明显。目前，我国镇区人口超过 10万的乡镇就有 238 个，新迁入人口中年轻人占有较大比重。调研显示，这部分人多数有稳定收入，消费能力和意愿都比较强，其中 41% 有房无贷，58.2% 拥有乘用车，63.4% 更偏爱网上购物，正成为县域消费扩容升级的新动力。

——消费结构不断升级。2013—2019 年，我国农村居民食品烟酒、衣着等商品消费占比从 61.3% 降至 56.9%，而教育文化娱乐、医疗保健方面的支出占比从 19% 增至 21.8%，生活用品及服务、交通通信方面的支出占比由 17.8% 上升至 19.5%，其中人均交通通信消费支出从 874.9 元增至 1836.8 元，增长了 2 倍多。耐用品消费增加，汽车、空调、热水器等商品越来越多走进农村家庭。

——消费方式更趋多元化。农村电商、连锁超市、便利店等县域流通新业态不断涌现。广东省消费者协会 2018 年调查显示，该省农村消费者选择的前三大消费渠道分别是百货商场（65%）、网络电商（56%）、连锁／大型超市（51%），其他地区农村消费也呈现类似趋势。特别是农村电商发展迅猛，有望成为县域消费主渠道。据中国互联网信息中心统计，截至今年一季度末，全国农村网购用户规模已达到 1.71 亿人，占网购人群的 24.1%。2019

年全国农村地区收投快递超过 150 亿件，占全国快递业务总量的 20% 以上。今年"双 11"期间，某电商平台来自农村的预售订单同比增长 126%，比一线城市（117%）增长更快。

二、消费环境成为制约县域消费的最大瓶颈

总的看，基础设施、流通体系、商品和服务供给等发育不足，是县域消费发展的主要障碍，制约消费潜力的进一步释放。

一是与消费有关的基础设施较为落后。比如，近年来县域小汽车需求增长较快，但我国自然村通硬化路的比例仅约 60%，一些农村公路老旧破损严重，有 24.5 万公里"油返沙"路段需治理，道路质量成为限制汽车消费的明显短板。再如，一些农村电力设施设备较为陈旧，用电成本高、停电频率高，有的地区自来水设施不足，还没有上下水管线或管线改造滞后，导致冰箱、洗衣机等电器成了"摆设"。2019 年，农村宽带接入用户仅有 1.3 亿户，有的地区宽带网络设施薄弱、网络信号差、网速慢等问题仍然存在。冷库、冷链等设施不足，也制约了农村居民生鲜食品消费。

二是流通网络发展水平不高。农村电商、连锁店、物流、快递等市场化主体发育缓慢、规模小，经营商品种类少，综合服务水平不高。虽然近几年县域电商发展较快，但农村网购"最后一公里"问题突出，物流配送进村难。中西部地区特别是老少边穷地区的县域流通发展更加滞后，比如中西部与东部的限额以上批发企业数量之比为 3:7，而且这一差距仍呈扩大趋势。还有企业反映，个别地方对总部设在外地的流通连锁企业消防、环保等监管严于本地，影响企业布局。

三是符合县域人群特点的优质服务供给不足。调研显示，"小

镇"的"80后"群体对电影、健康、亲子游乐的需求较高，"90后"群体对桌游、美容、咖啡厅的需求较高，但县域电影院、游乐园、游泳馆、健身房等文化娱乐体育设施相对较少，服务消费需求得不到有效满足。如截至2019年底县级电影院银幕数2.3万块，仅占全国的36%。由于青壮年农民外出务工，大量老人和儿童生活在农村，这部分人需要的生活照料、托幼托育、康复护理、家政助餐等服务供给严重不足。

四是消费市场秩序较为混乱。农村流通主体分散、中间环节多，监管覆盖不够，导致县域市场假冒伪劣、虚假宣传等侵害消费者合法权益的现象多发。尤其是消费量较大的食品、烟酒等商品山寨仿冒较多。中国消费者协会2019年12月调查显示，农村集贸市场"三无"产品发生率高达53.3%，假冒产品发生率31.7%。据广东省消费者协会调查，超过6成农村消费者希望加大惩治不法商家的力度。

三、"软硬件"并重改善县域消费环境

扩大县域消费是全面促进消费、加快培育完整内需体系的重要方面，也是全面推进乡村振兴、改善人民生活品质的着力点和抓手。建议从以下四个方面入手，创造更加便利、安全、放心的消费环境，推动县域消费健康稳定发展。

（一）加快县域消费基础设施建设。根据县域人口分布、消费市场规模和经济社会发展需要，科学规划、分类推进县城—乡镇—行政村基础设施建设，对水、电、路、网络通信等公益性较强的基础设施，国家财政加大支持力度，推动合理布局；对冷链仓储、物流配送、垃圾无害化处理、污水收集处理、排水管网建

设等具有一定商业收益的项目，及时纳入地方专项债、PPP等项目储备库。

（二）推进商贸流通业升级改造。一方面，支持龙头流通企业下沉网点，带动县域流通网络提升，推广"零售云"县镇加盟店等行之有效的模式，推动县域"夫妻店"、杂货店等和大型流通企业实现仓储、配送、售后服务共享，帮扶和改造传统商贸企业。另一方面，引导农村集贸市场、农产品批发市场、供销社等加快改革步伐，加强集约化、信息化、标准化改造和供应链管理，向直营连锁、代理服务、工农结合等新型流通组织转型。

（三）提升服务供给质量。围绕新的城镇化人口特别是年轻一代的服务消费特点，在文化娱乐、体育健康等领域培育更多市场化服务主体。针对乡村老人、婴幼儿等不同群体生活服务需求，一方面强化政府兜底责任，加强公办养老院、幼儿园和农村社区养老托幼服务体系建设，另一方面大力支持乡村养老机构、婴幼儿看护、家政服务机构发展，在创业补贴、贷款申请、税收、用水用电用地等方面给予一定优惠，增强市场主体的积极性。

（四）优化市场监管方式。统筹商务、市场监管、公安、卫生健康、消协等监管力量，建立跨部门协同监管机制，运用互联网技术创新监管模式，扩大监管覆盖面。持续加大对农村假冒伪劣商品打击力度，紧盯农村集贸市场、流动摊贩等薄弱环节，建立黑名单制度，督促各类市场主体筑牢依法合规经营底线。加强消费者教育和风险提示，通过组织培训活动、广播电视节目、咨询服务窗口等途径，增强消费者质量安全意识和识别假冒伪劣商品能力。

"三个并存"对投资形成较大制约
综合施策挖掘潜力促进有效投资增长

——扩大有效投资专题调研报告之一

杨慧磊　　牛发亮

受新冠肺炎疫情和世界经济衰退影响，今年我国固定资产投资受到严重冲击，前2个月增速同比大幅下降24.5%。随着经济逐步恢复，3月份以来，投资呈逐月回升态势，前三季度增速由负转正，前10个月同比增长1.8%、比前三季度提高1个百分点。但总体上，我国投资增速仍然处于近年低位，同时大中小企业投资意愿出现两极分化，龙头企业、重大项目投资相对顺畅，中小企业投资动力不足。调研中大家谈到，明年作为经济遭受重创后的恢复期，如何把握好投资力度和重点面临诸多挑战。一方面，如果明年投资力度不足、投资增长点挖掘不够，势必影响需求持续回升，不利于巩固经济恢复向好态势；另一方面，如果投资重点把握不准，投资领域过度集中，容易刺激低效产能顺周期扩张，未来又可能出现大量低效产能集中出清，导致行业发展大起大落。

我们研究认为，明年扩大有效投资需要精准有效，更加注重激发民间投资活力，更加注重发挥重大项目带动作用，更加注重提高地方政府专项债资金使用效益，更加注重推动制造业智能化绿色化升级，更加注重改善民生，既增强投资对经济恢复增长的拉动力，又发挥对调结构增后劲的多重功效。

一、当前投资持续回升向好但升中有忧

（一）从产业看，采矿业、制造业投资恢复较慢，基础设施投资增长乏力。今年1—10月，三大产业投资增长速度呈现出"一快二降三稳"的态势。第一产业投资受去年基数较低等因素影响，保持较快增长速度，前十个月投资11861亿元，同比增长17.3%，增速比前三季度提高2.8个百分点。畜牧业投资同比增长86.3%，增速比前三季度加快6.3个百分点。其中，猪饲养业投资增长150.8%，家禽饲养业投资增长41.9%。第二产业投资虽降幅收窄，但恢复速度较慢，前十个月投资138736亿元，同比下降2.1%。其中，采矿业投资下降8.4%，制造业投资下降5.3%。第三产业稳定增长，前十个月投资332695亿元，同比增长3%。基础设施投资（不含电力、热力燃气及水生产和供应业）增速虽有所上升，但同比仅增长0.7%。其中，铁路运输业、道路运输业投资增速双双回落至3.2%和2.7%，分别回落1.3和0.3个百分点。

（二）从投资主体看，民间投资总体疲弱，外商企业投资快速增长。近年来，民间投资占投资总额的比例不断走低，从2012年以后连续5年超过60%（最高65.4%），降到2019年的56.4%。今年受疫情冲击，民企投资信心不足、避险心理增强，加上一些领域仍受歧视性政策影响，民间投资更是增长乏力。今年1—10月，

民间投资下降 0.7%，占投资总额的比重进一步降到 55.7%。某省对 960 家制造业民营企业的调查显示，63% 的企业今年计划投资规模比往年减少，其中 21.6% 的企业减幅过半，11.8% 的企业无新增年度投资计划，部分企业将投资计划延期或暂缓实施分期建设项目。另外，外商企业投资保持较快增速，前十个月增长 11.2%，增速比前三季度提高 5.9 个百分点。

（三）从地区看，中部地区受疫情影响较大，个别省份仍为负增长。今年 1—10 月，东部、西部、东北地区投资分别增长 3%、4% 和 3.7%，增速比前三季度分别提高 0.5、0.7 和 0.8 个百分点。由于湖北省受疫情影响较重，投资增长 -28.3%，导致中部地区投资下降 2.4%，但降幅收窄 1.9 个百分点。除湖北省外，目前仍有个别省份固定资产投资同比为负增长，江苏省投资下降 0.9%，降幅收窄 0.8 个百分点；内蒙古自治区投资下降 4.3%，降幅收窄 3.4 个百分点；青海省投资下降 5.2%，降幅扩大 3.9 个百分点。

二、多种因素叠加对有效投资持续增长形成制约

（一）投资增长点挖掘不够与一哄而上盲目投资现象并存，支撑有效投资增长的项目储备不足。随着我国基础设施逐步完善、产业体系不断健全，投资建设开始由简单增量扩张为主向增量拓展完善与存量升级改造并重转变，由拉动增长为主向补短板、惠民生、优生态并重转变。面对投资发展阶段转换和投资重点变化，谋划项目已经不像过去那么容易，新的有效投资增长点挖掘明显不足，特别是由于缺乏科学谋划，导致各类投资跟风炒作、一哄而上，产生重复建设甚至投资"泡沫"。以半导体行业投资为例，据企查查数据，截至今年 10 月初，全国芯片相关企业超过 5 万家，

仅今年成立就多达 12740 家。一些企业没经验、没技术、没人才，从医疗美容、保健养生、建材批发、采暖设备等行业进军半导体行业，个别地方盲目上项目、搞低水平重复建设，导致今年多个投资目标百亿元级别的半导体项目停摆，引发"烂尾潮"。以卫星定位基准站建设为例，近年来汽车自动驾驶等高精度定位需求日益增加，在国家网难以满足商业化应用要求的情况下，多家企业跑步入场，加速布局全国基准站网建设。据国家基础地理信息中心不完全统计，国内已建成卫星定位基准站超过 1 万座，另有 1.2 万座处于规划或者正在建设之中，重复建站、重复投资、资源浪费苗头值得注意。

（二）政府投资撬动作用发挥不够与对民间资本形成挤出效应并存，有效投资增长的内生动力不足。随着投资由高收益、快回报向低收益、慢回报转变，再加上疫情冲击影响，不少市场主体资金链紧张、投资意愿降低。这种情况下，亟需政府投资发挥"四两拨千斤"的引导带动作用，稳定和提振市场预期。但现实中，政府投资撬动作用发挥不够，甚至产生反向作用，对民间投资造成排挤。以地方政府专项债为例，截至 10 月底，除用于支持化解中小银行风险的 2000 亿元外，其余 3.55 万亿元新增专项债额度已基本完成发行，但一些地方拿到专项债资金后，倾向于将项目直接交给地方平台或本地国有企业，难以带动大规模社会投资。据有关媒体统计，前 10 个月，专项债用作资本金总额为 3114 亿元，仅占专项债发行额约 9%，远远低于 25% 的政策上限，且集中在甘肃、贵州、云南等地区，主要投向铁路建设和公路类项目，带动民间投资规模较小。

（三）要素制约趋紧与停建缓建项目浪费资源现象并存，扩大有效投资的制约加大。随着我国生态环境保护、降低能源资源消耗等要求日益提高，投资由土地、环境容量、能耗等支撑条件相对宽松向趋紧转变，保障项目建设难度不断加大。目前，不少地方都存在停建缓建项目，有的是因为分管领导调整、缺乏规划论证产生的，有的是因为市场形势变化、建设资金紧张产生的，还有不少是因为"先上车后补票"或政策调整、缺少要素支撑产生的，这些停工甚至烂尾的项目不但带来诸多不良影响，更重要的是造成了本来紧张的各类要素资源闲置浪费，而且搁置时间越长，盘活难度越大，可能成为长久困扰地方经济发展、影响后续投资信心的"疥癣之疾"。

三、促进明年有效投资稳定增长的对策建议

（一）更加注重因地制宜挖掘有效投资增长点。挖掘投资增长点要尊重行业特点和市场规律，结合自身发展阶段，把规划先行和市场发力结合起来，避免过度集中产生恶性竞争，对经济持续健康发展埋下隐患。比如，新型基础设施建设方面，应结合各地资源禀赋、产业基础、消费能力等差异化推进建设；针对标准不一、互不兼容等问题，应加强跨部门、跨地区统筹协调，完善新型基础设施布局规则和行业标准，在确保信息安全的基础上，加快探索共建共享路径，防止重复建设。

（二）更加注重发挥政府投资对市场力量的撬动作用。政府投资有别于市场投资，其发挥效果如何，不应仅看短期经济收益率和回报率，更应看是否能够激发各类市场主体的积极性，是否符合长远发展和公共利益。建议尽快建立完善以公共价值为导向的政府投资项目评估体系，对经济效益大的项目应放手交还市场，工作重点转向引导、监管和服务；对社会效益大的项目，要加大政

府投入，或以合理补偿的方式撬动市场主体参与投资，支持通过项目打捆、综合开发等模式，提高投资回报能力。

（三）更加注重依靠改革盘活低效无效资源。建议在全面排查摸清停建缓建项目底数的基础上，对具备开工条件、但因规划方案变更停滞的，加快相关手续办理速度；对仍有启动可能的项目，通过适当给予优惠政策等方式协调腾挪转让，吸引社会资本进入；对一些缺乏前景、重启无望的项目，及时引进专业队伍进场，用好市场化处置手段，通过调整置换等方式，推动要素资源向产出效益高的企业产业集中。

破解"不能投、不会投、不愿投"等问题 以市场化方式更大力度激发民间投资活力

——扩大有效投资专题调研报告之二

杜庆彬

近年来，民间投资增速总体慢于总投资增速，民间投资占总投资比重从 2015 年的 64.2% 降至目前的 55.7%。今年前 10 个月总投资增长 1.8%，而民间投资仍下降 0.7%。保持投资可持续增长关键是激活民间投资。建议分行业分类别深入研究民间投资疲弱原因，着力破除民间投资准入隐性门槛，加大对民间制造业技改投资的支持，鼓励专项债项目更多吸纳民间投资参与，创新完善投融资模式增强民间投资能力，大力支持创业投资打开更广阔投资空间，以更加市场化的办法激发民间投资活力。

一、当前民间投资"不能投、不会投、不愿投"等问题仍较普遍

（一）可选领域相对窄、不能投。房地产开发民间投资占全

部民间投资的比重超过四成，由于今年房地产投资增长较快，1—10月份房地产开发民间投资同比增长6.4%，实际上其他领域民间投资萎缩更加严重。目前，民间投资普遍希望进入的能源、交通、通信、市政设施、教育、医疗卫生等领域，虽然没有明文禁止条款，但是招投标中一般都设置了投资资格认定、最低注册资本、股东结构、股份比例等方面限制，"玻璃门"现象久攻不破。此外，为应对疫情冲击，今年国家扩大了专项债限额规模，但一些地方在拿到专项债资金后，倾向于将项目直接交给地方平台或本地国有企业，对民间投资造成了排挤。一些实力较强的A股主板上市民营企业反映，全国几千个专项债项目，竟没有几个项目能够获得投标机会。

（二）制造业技改大量暂缓、延期投。制造业民间投资占民间投资比重超过三成，其中技改投资是制造业投资大头，1—10月全国制造业民间投资下降8%，制造业技改民间投资下降18.6%，成为拉低民间投资的重要原因。很多企业反映，按照有关部门要求，申报中央预算技改资金的项目，固定资产投资额需达到2亿元以上，不少项目虽然创新层次较高，但由于无法达到投资标准，无法申领补助，影响项目推进。也有一些企业反映，受疫情影响，企业经营更趋保守，原本计划的技改投资往往主动延缓，加之多数地方近年对技改支持力度有所减弱，也降低了企业技改的积极性。受疫情影响，部分技改项目设备进场、人员到岗、原材料供应等环节无法按计划推进，投资建设进度比预期延后2个月左右，与年初制定的年度计划投资任务相差较大，全年完成投资额相应压缩。

（三）PPP等新模式运作难、不会投。基础设施民间投资是民间投资的第三大领域，目前主要通过PPP模式来吸引民间投资，但经过近年来持续调整，PPP 模式在实际操作中制约多、操作繁、空间小。按照目前运作流程，实施一个 PPP 项目除需要立项、规划选址、环境影响评价、用地预审、可行性研究报告、初步设计外，还需完成财政能力论证、物有所值评估等，常常出现事前协议约定不清晰、事中变更协商难等情况。同时，按照财政部 2019 年 3 月印发的《关于推进政府和社会资本合作规范发展的实施意见》，每一年度本级全部 PPP 项目从一般公共预算列支的财政支出责任，不超过当年本级一般公共预算支出的 10%，对超过 10% 的地区严禁新项目入库。在财力较弱的中西部地区，上马 PPP 项目空间已很小。

（四）预期收益降低、不想投。除了房地产、制造业和基础设施，民间投资主要集中在传统批发零售、餐饮、住宿、文化娱乐等领域，这些行业大多趋于饱和，竞争非常激烈，盈利空间有限，民间投资意愿并不高。多数地方服务业投资合计占比不足民间投资总额的 10%。今年由于疫情冲击，服务业不同程度出现需求萎缩、转型不畅、利润受损等情况，预期回报率进一步下降，投资积极性更加受挫，一些地区住宿、餐饮业投资同比下降甚至超过 50%。多数企业认为，在疫情影响没有完全消除前，服务业投资稳步恢复的步伐难以加快。

（五）要素保障力度弱、很难投。今年以来，国家持续加大普惠金融支持力度，但重点是保市场主体的流动资金，对民间投资助力不明显。由于疫情导致企业资金压力普遍加大，且经济下行周期银行贷款审查较以往更加严格，双重压力导致民间投资成为"无米之炊"。从投资资金来源看，以中部某省为例，1—10 月全省民间投资资金 66.6% 来自企业自筹，仅 5.4% 的资金来自银行贷款，政府预算内资金仅占 0.5%。很多企业反映，下半年以来随着不良贷款增加，金融机构对贷款发放更加谨慎，审批条件收紧，信贷门槛提高，融资成本上升，贷款难度加大。同时，多数地方在土地、能耗、水资源等要素保障上对民间投资仍不友好。

二、突出以市场化方式激发民间投资活力

一是进一步深化投资领域"放管服"改革。凡是国家法规未明文禁止的行业都应对民间投资开放；凡是对外商开放的投资领域都允许和鼓励民间投资进入。在市场准入、政策待遇、融资手段、权利义务、社会地位等方面，与国有投资平等相待。在工商登记、项目核准、投资补助、贷款贴息、土地使用、规划选址、环评审批等方面，不得对民间投资设置附加条件。同时，进一步清理投资审批事项，将符合条件的民间投资项目纳入各级重点项目管理，强化审批事项协调、疑难问题会诊和滞后事项督办。

二是促进制造业民间投资。获取稳定收益是民间投资的主要着眼点。建议用好科技创新、技改等支持资金，带动民间投资跟进，鼓励民营企业加大研发投入、聚集创新资源、增加技术储备，帮助有条件的民营企业建立工程技术研究中心、技术开发中心，支持民间投资参与资源消耗低、环境污染少、技术含量高、经济效益好的产业和项目。

三是鼓励民间投资进入补短板领域。尽快制定出台新一代信息网络、充电桩、大数据中心等项目建设的标准规范和指导意见，在相关新技术领域建立重点项目库，同时明确资金、土地等支持政策，引导民间资本通过独资、合作、联营、参股、特许经营等多种方式参与进来。

四是完善 PPP 模式支持民间投资。厘清规范 PPP 项目与政府

隐性债务的界限，推出一批典型案例，引导基层规范实施 PPP 项目。进一步加强政府诚信建设，研究将 PPP 项目履约情况纳入营商环境建设范畴，加大履约信息公开力度，为民企参与 PPP 项目营造放心环境。

五是协同做好重点项目要素保障。引导银行金融机构不断创新中小企业信贷产品，丰富贷款种类和贷款抵押物种类，特别是增加中长期贷款。鼓励具备条件的民营企业通过发行债券和股票等多种手段直接融资，条件标准应与国有企业一视同仁。合理规划投资项目建设用地，保障民间投资项目用地需求。

六是大力支持创业投资发展。推动各类股权融资发展，完善支持天使投资、风险投资发展的政策。规范发展区域性股权市场，构建多元融资、多层细分的股权融资市场，鼓励地方政府开展民营企业股权融资辅导培训。同时，建立完善产业发展政策信息发布平台，定期向社会公开产业投资政策信息、地区发展规划和行业发展前景、技术信息和市场信息，使民间投资主体具有充分的选择余地。

今年基础设施投资增长明显不及预期
需针对性破堵点释放基建投资潜力

——扩大有效投资专题调研报告之三

杜庆彬　　牛发亮

今年1—10月，我国基础设施投资增长0.7%，低于固定资产投资增速1.1个百分点，成为制约投资增长的重要因素。实际上，由于今年我国大幅增加了专项债发行规模，市场对基建投资普遍具有较高期望，但基建投资增速始终慢于总投资增速，而且今后一个时期基建投资形势依然不容乐观。综合分析，当前基建投资增长趋缓的主要原因包括：传统项目建设退坡而新项目接续困难，资本金筹措特别是县级出资难以落实，隐性债务界定不清制约银行放贷能力，用地、用海等审批趋严甚至"一刀切"，部分干部不作为等。考虑到今年我国出台规模性助企纾困政策多数实施期限截至年底，明年有的政策将直接退出或逐步退出，建议更加注重发挥政府投资的撬动作用，带动基建投资较快回升，稳定和增强市场预期，对冲政策退坡给经济带来的负面影响，为经济运行回归合理区间提供支撑。

一、传统基建项目退坡且"新基建"接续困难，建议加快项目谋划储备，大力开发民生、环保等新增长点。经过多年建设，铁路、高速公路、电源点等传统基础设施已相对完善，建设高峰期已过，后续储备项目较少。一是民生项目"量小点多"不易操作。随着城市化程度提高，单个投资金额大的基建项目增量有限，逐渐转变为提升城市品质、改善民生项目。比如，湖南省长沙市推进"一圈两场三道"（15分钟生活圈，停车场、农贸市场，人行道、自行车道、历史文化步道）、背街小巷及老旧小区改造等项目，这类项目单个投资可能也就几百万甚至几十万元，但走的审批程序与几亿元的项目差不多，推进难度大，投资方感到"不值得"。二是优质项目储备不足，"钱等项目"情况较多。疫情背景下，地方基建项目多是匆忙储备、未经充分论证，且在东部一些发达省份，大资金量项目建设已基本完成，真正符合债券发行条件的项目越来越少，专项债面临有额度却找不到项目的情况。三是5G通信基建尚在起步阶段。中国铁塔公司反映，5G基站成本是4G的3倍左右，投资体量较大，在经济下行情况下运营商都比较谨慎，同时4G基站建设放缓，从而导致信息通信投资减少。

建议：一是加快谋划一批新的重点项目，将部分条件较好的"十四五"储备项目适度提前，形成项目储备和滚动接续机制。二是更大力度推动城市品质提升、乡村振兴、教育、医疗、养老等基础设施建设，针对项目分散的特点创新"打包审批""区域统批"等模式，加快项目落地。

二、资本金筹措特别是县级出资难以落实，建议进一步创新市场化投资方式，"堵住后门"的同时"开大前门"。目前基建项目资本金主要有三个来源，一是地方财政收入，二是PPP模式融资，三是专项债券，但这三个来源限制都较多。一是地方财力普遍减弱。受疫情影响，今年全国大多数区县级财政收入负增长，建设资金主要靠土地出让收入，而目前行情下三线以下城市土地出让收入并不理想，很多城市下滑明显。二是专项债券可用于资本金范围较窄。近年来虽然持续放宽专项债适用范围和资本金比例，但使用范围仍局限在传统基础设施领域，这类项目实际上已经越来越少，而大量民生项目、"新基建"项目无法使用专项债资金。三是PPP融资限制偏紧。财政部《关于推进政府和社会资本合作规范发展的实施意见》（财金〔2019〕10号）规定，本级全部PPP项目从一般公共预算列支的财政支出责任，不超过当年预算支出的10%，对于县级政府影响更直接。

建议：一是区分不同地区、不同债务情况等细化PPP控制规模，适度放宽比例限制，更加注重项目本身资质和条件。二是进一步扩大专项债券适用范围和资本金比例，同步加大债券发行信息公开力度，完善风险监测防控机制。三是研究政策性银行在特定时期、特定领域运用政策性资金或专项建设基金回收进行投资，增加对实体经济的股本资金供给。

三、政府隐性债务界定不清制约银行放贷能力，建议厘清隐性债务边界、创新融资方式增强项目融资能力。隐性债务界定不清，金融机构操作从严，是在建项目停贷的主因。一是隐性债务缺乏"细化定义"。财政部《关于规范金融企业对地方政府和国有企业投融资行为有关问题的通知》（财金〔2018〕23号）出台后，对政府隐性债务并没有明确的细化定义，商业银行执行层面只要是纯政府付费的项目，都算是隐性债务，不敢放贷。二是隐性债务信息不透明。地方政府隐性债务情况是银行判断可否放贷的关键信息，但这些信息并不公开，银行对隐性债务认定的进展、口径、范围、金额、清单、政策把握、后续处置措施等均不清楚，加大了信息获取成本。三是融资平台名录更新不及时影响信贷投放。为防范融资平台债务风险，2010年开始原银监会对融资平台实行"名单制"从严管理，一些基建企业虽然实际已不是融资平台，但依然被从严管理，申请贷款必须总行审批，制约银行信贷投放。

建议：一是财政会同银保监等部门细化政府隐性债务定义，专门设立咨询渠道提供权威政策指导，便于金融机构及时了解和掌握政策，同时优化监督问责办法。二是对确有必要、关系国计民生的在建项目，进一步明确金融机构信贷支持的合规性，按照风险可控、可持续原则保障后续融资。三是完善对融资平台的管理和监测机制，及时调整融资平台名单，对实际已不再是融资平台的企业恢复正常信贷审批。

四、一些干部不作为不担当，建议进一步明确责任、强化激励。在投融资领域，两种现象比较突出。一是"个人防风险"索性提前偿还贷款。2018年以来，中部某省加大力度化解债务风险，一些县级政府为了免除责任，要求提前偿还贷款。虽然该省专门出台"正面清单"，明确哪些项目可以继续支持，但不少支持类项目也提前偿还了贷款，所谓"先还了再说"。二是"等待合规"延缓项目进度。在项目审批制度改革中政策上一直有"容缺"机制，在激励干部作为的文件中对"容错"也有规定，但实际执行中存在问责过严问题，一些工程不得不"停工等审批"，有的干部以"合规"为借口踢皮球、推责任。

建议：一是把"三个区分开来"的要求落实到具体问责机制中，细化容错容缺负面清单，防止问责随意化、扩大化。二是加强干部激励，树立鲜明用人导向，支持实干担当，并加强政策培训指导，提升专业素养。

专项债规模已超过地方债务总规模 50% 以上 需加快完善发行使用配套政策提高资金效益

——扩大有效投资专题调研报告之四

杜庆彬

截至 2020 年 10 月末，我国地方政府债务 28.8 万亿元，其中专项债务 14.5 万亿元、一般债务 14.3 万亿元，专项债占地方政府债务总额已超过 50%。进一步完善专项债配套政策、提高专项债使用效益，对于支持地方扩大有效投资、促进经济稳定恢复增长具有重要作用。为了解专项债发行使用情况，近期我们专门进行了调研。总的看，近年来专项债发行规模扩大、审批加快、拨付及时，按照"资金跟着项目走"原则，目前在建项目 40%—50%、新建项目 30% 以上使用了专项债资金。同时也存在一些困难问题，需要完善发行使用配套政策。

一、项目筛选：债券投向规定变化偏快，收益平衡要求自由裁量空间较大。不少地方反映，每年专项债支持的投资领域、项目类型等都会发生较大变化，而且没有政策过渡期，导致部分推进中的项目后续资金筹措困难。同时，专项债项目筛选条件和标准不够清晰明确，对收益平衡要求的尺度不好把握，比如收益平衡是否是整个生命周期的平衡、可否调度政府性基金平衡、项目收益期限与债券期限是否一致等，地方在谋划项目时经常拿不准。有地方同志反映，由于符合要求、具备一定现金流收入的项目数量有限，不少通过"策划包装"方式虚构项目预期收入以达到收益平衡。比如，高速公路项目测算收益的重要指标是车流量，而一些项目车流量是根据论文研究推算，并非现场调查测算。

建议：编制专项债项目3年滚动计划，保持投向领域的延续性，相对固定每年的发行批次、时间节点等，稳定地方和企业投资预期；进一步明确项目筛选条件和标准，加强对地方的业务指导，对在建项目给予一定过渡期或宽容度。

二、立项批复：基层申报"窗口期"较短，层层审核"走程序"偏长。许多地方反映，现在申报专项债项目，一般要求3—4天内各级联合行文，报区县、地市政府后，分别报送省级部门，真正留给基层部门敲定项目时间就半天到1天。广东省东莞市有关方面反映，由于新增债券发行比较集中，去年以来申报的几批专项债项目都是当天下午收到通知第二天就要报送，即使做过一些储备，但每次申报条件不一样、领域不一样，很多时候只能拍脑袋。江苏省南京市有关方面反映，很多区县一级项目往往规模不大，希望采取"公益性＋收益性"打捆方式立项，涉及多个部门协调配合，虽然前期可以做准备工作，但因"窗口期"太短几乎屏蔽了此类项目的申请。西部两省区的一些市县的有关方面反映，专项债发行需经过市县项目申报、省级汇总初步筛选、市县编制完善方案、市县初评、省级汇总复核、省级申请新增限额、财政部下达限额、省级人大或其常委会批准、拟定市县额度、正式发行转贷等 10 个步骤，并需要准备大量材料。

建议：进一步简化专项债发行省内审核环节和程序、联合行文方式，推动审批流程全程电子化；探索"预通知"形式给予地方更多准备时间，适度延长基层申报"窗口期"，便于更好把握节奏，做好项目立项和前期工作。

三、资金分配：仍存在"撒胡椒面"现象，获批额度不确定性大。 按照目前的流程，专项债是先申报项目后定额度，地方政府往往多报项目以尽量获取额度，债券额度分配后，再"二次分配"给更多项目，只有少数项目能够获批全部申请额度，多数项目只能获批 20%—40% 债券资金，有些项目由于资金缺口较大而无法开工或形成"半拉子"工程。东部某省的某县有关方面反映，有一个建设项目总投资 18 亿元，申请 10 亿元专项债资金，仅批复 1.7 亿元，剩余资金难以筹集，导致原来投资计划可能无法实现。西部某市某公司反映，某大道项目立项金额 1.56 亿元，批复债券资金仅 0.2 亿元；某土地整治项目立项金额 10.06 亿元，批复债券资金仅 0.8 亿元。沿海某省的一些基建类企业反映，由于资金分配存在很大不确定性，有的项目"看起来不错，实际可能搁浅"，企业在前期工作中不敢垫付太多资金或投入太大精力，影响了参与地方投资项目的积极性。

建议：对于重点项目完善专项债资金"点对点"支持机制，保障项目实际资金需求，尽量不留缺口，提升可预期性；加强对专项债资金分配的监督和指导，探索建立专项债受理查询通道，建立发行拨付反馈机制，使地方政府和企业及时了解专项债申请、批复、拨付等进度。

四、资金使用：部分地方"内卷化"严重，对社会资本形成排挤。专项债项目融资规模大、成本低，一些地方认为"肥水不流外人田"，只有地方融资平台和国有企业才能拿到专项债资金，而社会资本特别是民营企业很难获得资金支持。一些企业反映，为了占用专项债资金，部分地方融资平台和国有企业近年来开始并购当地运转不好的施工企业，以获得施工资质，进而可以直接作为建设单位自行开展施工。由于缺少有效竞争，作为项目单位的地方国企通过控股建设单位可获得高达 20%—30% 的施工利润，既没有动力节省投资，也无法保证施工质量。

建议：鼓励社会资本参与专项债项目建设，完善专项债项目招投标机制，及时公开重大项目有关信息，主动接受各方面监督；建立完善社会资本参与专项债项目的管理办法，制定将专项债项目与 PPP 模式有机结合的措施，更大力度调动社会资本参与积极性；加强地方融资平台和国有企业参与专项债项目的监管，合理确定施工利润率，并确保工程质量。

五、资金拨付：过于强调资金拨付速度，与项目实际进度不匹配。一些地方反映，为加快资金使用进度，有关部门要求专项债资金必须当年支付完毕，但项目资金一般按照施工进度支付，一旦项目推进受阻可能难以完成支付进度，有些地方为实现"年内花完"硬要求，就在责任单位和施工单位之间增加了地方融资平台"过道手"，有违政策初衷。西部某省省城所在地有关方面反映，当地妇幼保健院建设项目将于 2021 年完工，共申请 2.6 亿元专项债资金，原计划分别于初验后、竣工验收后、质保到期后陆续支付，但按要求必须在 2020 年内全部支付完成，"工程还没干完，就要把钱先花完，有些没道理"。沿海某省的市区有关方面反映，专项债发行使用严格对应到项目且每年只能调整 1 次，今年受疫情等因素影响，个别项目进度不及预期，导致债券资金闲置，同时进度快的项目资金缺口又很大，但专项债资金不能在项目间调剂，影响了资金使用效益。

建议：制定专项债资金使用管理规定，通过设立资金专户、完善监管平台等方式合理确定拨付进度，进一步明确支付对象、支付范围、支付时限等，防止资金空转；建立专项债资金调整机制，允许地方将闲置较长的债券资金统筹用于同类项目；对跨年实施项目，可采取额度一次性申报、一次性下达、分年度拨付的方式，提高资金使用效益。

六、配套融资："债贷组合"难落地，金融支持力度不足。一些地方认为，专项债有配套金融支持才能发挥更大作用。2019 年中办、国办关于专项债发行及项目配套融资的文件明确，允许偿还专项债本息后仍有剩余收入的项目向金融机构融资，但实际操作中由于符合融资主体资质的企业法人较少、项目产权复杂无法办理抵押等原因，市场化融资较为困难。中部某省的两个地市有关方面反映，专项债支持项目需要通过没有隐性债务、完全市场化的国有公司向金融机构融资，但市县一级国有投资公司数量较少，限制了地方配套融资的路径。云南省某基础设施投资公司反映，专项债资金偿付顺序优先于普通债务，银行向专项债项目贷款，贷款资金实际成了劣后级资金，回收风险增加，银行贷款动力不足。西部某省地市某银行反映，市场评级机构对专项债评级默认"地方财政兜底"，所有项目都是 AAA 评级，对于银行风险防控几乎没有参考价值。

建议：支持债券发行、信用评级、银行融资等采取更多市场化办法，提升专项债项目区分度，探索建立市场定价体系；完善发展改革、财政、人民银行、银保监等部门间信息共享机制，引导银行等金融机构加大金融支持力度。

促进制造业投资合理持续增长
提升发展质效和产业链竞争力

——扩大有效投资专题调研报告之五

刘帅　　王巍

扩大制造业有效投资，不仅有利于拉动当期经济增长，也有利于深化供给侧结构性改革，提升我国产业综合竞争力。由于疫情等因素影响，今年1—10月，我国制造业投资同比下降5.3%，成为拉低固定资产投资增速的重要因素。有研究机构预计明年制造业投资增速可能出现跳升、达到10%以上，但这主要是今年基数低的缘故，并不意味着制造业投资运行轨迹发生大的变化。明年制造业投资仍面临多重制约，促进制造业投资合理持续增长，应遵循产业发展和市场规律，进一步把准质效提升和产业链竞争力增强这个重点，分行业分层次实施更有针对性的政策。

一、促进制造业投资应强化三个导向

一是补产业链供应链短板的导向。我国制造业大而不强问题突出。这次疫情蔓延冲击了传统的全球产业链供应链，加上部分国家实施贸易保护主义，使我国制造业短板集中暴露出来。据有关分析，我国26类制造业重点产业中，30%存在严重的"卡脖子"问题，国内基本找不到相应替代品。全球130种关键核心材料中，我国有32%完全空白、52%依赖进口。为了保障我国产业安全，服务国内经济社会发展大局，也为了在全球贸易和产业分工格局下增强我话语权，应当把这些短板弱项作为今后扩大制造业有效投资的重点领域。

二是数字化转型的导向。疫情冲击使数字化的重要性进一步凸显出来。据国外研究机构调查分析，疫情暴发以来，日英德以及越南等很多国家纷纷按下制造业数字化转型"快进键"，为未来更高维度的国际竞争做好准备，正常情况下需要耗时数年的举动有的在几个月内就已完成。从国内看，有调查显示，经历疫情冲击，70%以上的中小企业都有数字化转型意愿，在受疫情影响较大的华中地区，有意实施数字化转型的中小企业占比达到81%。可以说，制造业数字化转型的国际竞争已经升温，我国制造业要赢得先手，加大相关技术改造势在必行。

三是防止低效无效产能扩张的导向。由于国外疫情蔓延导致很多国家生产受阻，短期内会显著增加对我国一些产品的需求，这容易使部分制造企业增强顺周期扩产能的冲动，其中也包括一些缺乏竞争力和长期需求支撑的产能。随着疫情后全球经济和产业链供应链恢复到较高水平，这些产能可能变成低效甚至无效产能，不仅会形成"僵尸企业"，挤占宝贵的生产要素，还会由于被动集中出清，导致经济运行出现较大波动。因此，既要促进制造业投资合理持续增长，也应防止过度投资、重复建设。

二、制造业投资面临多重制约

（一）要素制约。我国制造业投资中，近九成属于民间投资，土地、资金等要素支撑上明显不足。尤其是资金方面，今年疫情冲击普遍加大了市场主体压力，很多民营制造业企业反映，由于银行不良贷款增加，下半年金融机构对贷款发放更加谨慎，审批条件收紧，信贷门槛提高，贷款难度增大，加上自有资金紧张，目前民间制造业投资属于"缺米之炊"。今年1—10月，全国制造业民间投资下降8%，比全部制造业投资降幅多出2.7个百分点，在制造业投资下降中起到了主导作用。

（二）预期制约。疫情叠加世界经济衰退，使市场低迷、盈利艰难，制造业投资边际收益下降明显。今年前三季度，全国规模以上工业企业利润总额同比下降2.4%，直到10月份才实现年内累计利润同比增速由负转正、仅增长0.7%。一些企业反映，目前经营策略趋于保守，原本计划的技改投资很多也主动延后。另外，近期橡胶、涂料、金属等原材料价格上涨明显，有分析预估明年维持高位或继续上涨的可能性较大，生产成本的增加也降低了制造业企业盈利预期，给相关投资带来不利影响。

（三）能力制约。在数字化转型方面，大多数中小企业存在硬件设备不足、技术能力基础薄弱等问题，仅凭自身力量难以推进数字化转型。有调查显示，我国60%的中小企业还不能用二维码、条形码等标识技术进行数据采集，70%以上的中小企业没有实现关键业务系统集成，仅有5%的中小企业能够采用大数据技术对生产制造环节提供支持。即使是大企业，也有不少因为技术开发和运营能力不足，虽然增加数字化投入，却没有促进营收增长、获取相应发展红利，制约了下一步扩大技改投资的积极性。

（四）政策制约。目前制造业领域的一些产业政策还不够精准、针对性不强，导致一些行业存在"玻璃门""天花板"等现象，制约项目落地和投资扩大。比如，我国不锈钢产业整体工艺水平不高，中低端产能占比较大，国家把不锈钢纳入钢铁产能总量控制范围。有企业反映，钢铁产能控制没有对高端不锈钢的先进生产工艺作区分，其结果是"劣币挤占良币的空间"，虽然高端不锈钢被有关部门列入战略性新兴产业分类中，但不少采用高效节能工艺生产高端不锈钢的企业，也受限于钢铁产能总量控制，难以开展相关项目投资。

三、促进制造业投资增长的政策建议

（一）加大对制造业重点投资项目的支持力度。围绕提升产业链供应链现代化水平，支持一批制造业重点投资项目，集中土地、资金、人才等资源予以倾斜。全面梳理当前我国制造业领域的短板和薄弱环节，协同产学研等各方力量加快科技成果转化，鼓励龙头企业及核心配套企业在关键技术、装备和材料等领域加大投资，支持已迈过技术和量产门槛的项目加快落地见效。

（二）推动降低成本稳定制造业投资预期。对现代制造业、高技术产业和其他鼓励类产业项目，用足用好税收等优惠政策，降低税费成本；为制造业升级改造项目提供优惠利率信贷支持，降低融资成本；优化产业链布局做好上下游配套，提高交通运输效率，降低物流成本；深化要素市场化改革，降低要素成本和制度性交易成本。

（三）促进产业链协同改造。大力推动制造业数字化、绿色化转型，支持龙头企业组建转型联盟、拓展工业互联网应用场景、搭建技术服务平台、开放通用型工具，带动上下游中小企业协同改造升级。提高产业政策精准性，比如，在实施钢铁等产能总量控制的过程中，应注意把应用先进技术的高端产能与落后产能适度区别对待，避免"一棍子打死"。

（四）推动出清低效产能。充分发挥市场在资源配置中的决定性作用，更好发挥政府作用，推动落后低效产能及时出清，释放所占用的土地、产业园区等资源，更好保障新增优质制造业项目。针对一些地方的产业基金引导方向重叠、产业项目过度集中的现象，加强各地产业基金统筹，优化基金功能定位，促进错位互补，引导地方充分考虑本地资源禀赋和产业条件，差异化选择投资领域，避免盲目蹭热点、搞重复投资。

解决好收益不稳、要素欠缺两类难题 积极吸引社会力量参与民生领域投资

——扩大有效投资专题调研报告之六

刘帅　　王巍

扩大养老、托幼、医疗、保障性住房等民生领域投资，既可以挖掘更多新的投资增长点，发挥投资这一快变量拉动经济恢复性增长的作用，也可以补民生短板、促进消费潜力释放，具有短期扩需求和长期优供给、增强发展后劲和增进人民福祉一举多得之效。但在当前形势下，仅靠政府投入难以满足各方需要，应针对性破除制约，更大调动社会力量参与民生领域投资的积极性。

一、民生领域投资蕴藏巨大增长潜力但目前投资力度不足

随着我国经济社会发展，群众的新需求新期盼不断增多，而与之对应的民生类产品和服务供给存在较多短板。比如，目前我国3岁以下婴幼儿近5000万，但托幼供给不足、质量参差不齐，

全国婴幼儿在各类托育机构的入托率仅为 4.1%；一些地方公办幼儿园学位不足，只能实行电脑摇号，平均 6 个幼儿抢 1 个学位。养老、医疗等供给同样存在较大不足。这也表明，民生领域投资蕴藏着巨大潜力。但据了解，当前这一领域投资在全部投资中的占比偏低，有的地方卫生、教育、养老等民生领域投资占全部投资的比重低于 5%。

二、财政压力凸显使政府投资民生领域的能力受限

民生领域投资量多面广、资金需求大，仅靠政府投入难免力不从心，特别是受疫情和世界经济衰退叠加影响，不少地方财政收支矛盾加剧，民生领域的投资能力进一步受限。比如保障性住房建设方面，数据显示，某一线城市辖区目前运营的公租房项目有 2 万余套配租，但有 1.1 万多家企业和 9 万余户家庭提出申请，供需缺口突出，考虑到土地、建设、运营等成本，要补上缺口面临很大资金压力。又比如城镇老旧小区改造，据测算，平均每个社区改造所需资金多达 850 万元，每平方米所需改造资金 280 元。各地上报反映居民已达成共识需要改造的老旧小区有 17 万个，除了近两年已经改造的之外，剩余有待改造的仍然需要投入海量资金。面对民生领域投资的巨大资金需求，很多地方心有余而力不足，需要"广开财路"，更多引入社会力量参与。

三、社会力量参与民生领域投资面临两类难题制约

一是民生领域投资回报周期长、市场预期不稳定，社会资本参与积极性不高。比如养老设施建设，有调查显示，某一线城市

的养老院只有约 4% 实现盈利，62% 的机构要运营 10 年以上才能收回投资。城镇老旧小区改造项目投资回报更慢，即便是该市一些被作为典型经验推广的项目，成本回收周期也需 10—13 年，有的甚至达到 15—30 年。很多民生领域投资项目投入大、利润低，需要长期运营才能获得收益，社会资本参与的意愿不强。

二是民生领域投资由于相匹配的要素条件欠缺，导致一些项目落不了地。养老、托幼、医疗等民生领域投资项目落地见效，不仅要有硬件支撑，也要有人力资源等相关要素条件。比如医疗方面，据有关统计，我国目前至少有 600 多个乡镇卫生院连 1 名全科医生或职业医师都没有，全国每千人拥有的护士数量只有 3.2 名，而欧盟、日本的基本标准分别是每千人拥有护士 8 人、11.5 人，有的医疗机构虽然有扩容的投资意愿，但在配备医生、护士上遇到困难。又比如，养老机构每接收 45 个老人一般需要 3 名管理人员、2 名医护人员、9 名护理人员、3 名后勤人员，我国失能半失能老人超过 4000 万人，而持证养老护理员仅 30 万人，护理员缺口达 770 万人以上。一些养老院面临的突出难题就是缺少专业护理员，难以追加投资扩大运营规模。

四、相关建议

一是分类指导实施差异化支持政策。对具备较好经营效益、社会资本参与意愿强的项目，应以鼓励社会资本扩大投资为主。对具有一定收益但难以盈利的项目，应通过规范有序运用 PPP 等模式或给予适度奖补方式，支持社会资本投资运营。对无法产生收益的项目，应以政府投资为主，明确投融资和运营的主体责任。支持社保等长期资金投入运营周期长、收益稳定的民生项目。

二是创新回报模式提高项目收益。优化民生领域投资项目设计，在惠民生的同时尽可能实现投资收益平衡或盈利。比如，城镇老旧小区改造可在拆旧重建过程中，支持投资主体参与新增配套便民服务设施长期运营和合理分配盈利。再如，鼓励实施综合开发投资模式，支持非经营性项目与周边或沿线的旅游、闲置厂房等资源一体化开发，实现整体盈利。同时，应协同推进公共服务领域收费改革，健全价格形成、调整和补偿机制，挖掘项目潜在商业价值，促使非经营性项目向准经营性项目、准经营性项目向经营性项目转化。

三是强化人才、土地等要素协同保障。适应养老、托幼、医疗等民生领域项目运营需要专业技能人员与硬件设施匹配的特点，加强相关投资政策与就业政策协同，针对性开展职业技能培训。加大对民生领域投资的供地支持，鼓励盘活利用闲置或低效土地、厂房。支持具有不同要素资源的市场主体组建民生项目投资联合体，促进优势互补，形成投资合力。

探索实施"城市轨道＋土地"综合开发更大释放内需潜力

王巍　　刘帅

城市轨道交通建设是扩大投资、增加就业、增强城市功能的有效途径。当前国内很多城市对此都有积极意愿,但同时也受到土地、资金等要素制约。建议以改革完善供地模式为突破口,探索实施"城市轨道＋土地"综合开发,优化要素资源配置,积极引入社会资本,更大释放内需潜力,为稳定经济基本盘提供支撑。

一、我国城市轨道交通发展空间巨大

近年来,我国城市轨道交通发展迅速,运营线路不断增加,2013—2019 年,城市轨道交通运营里程由 2746 公里增至 6730 公里,年均增长 16%。尽管如此,该领域的潜在需求和发展空间仍然十分巨大。一方面,根据有关规定,市区常住人口 150 万人以上的城市即可申报建设轻轨,目前国内这类城市约有 150 个,其中超过 100 个在城市轨道方面尚处空白状态。另一方面，与国际相比，现有轨道交通承载能力还有较大提升空间。2019 年，我国每百万人口城市轨道里程 8 公里，远低于英法德等发达国家水平，同时城市轨道客运分担率仅 35%，也低于全球平均水平。在此情况下，各地都有较强动力加快建设城市轨道交通。据统计，2020 年我国有 25 个城市、54 条城市轨道线路新开通运营，新增里程 1150 多公里，车站 745 座，总投资额 7500 多亿元。

二、实施"城市轨道＋土地"综合开发可一举多得

"城市轨道＋土地"综合开发就是要统筹城市轨道建设和周边土地开发，统筹项目建设运营和收益合理共享，更好调动多方面力量参与投资建设和运营的积极性。

一是有利于更好平衡轨道交通建设资金。从一些城市的建设实践看，城市轨道交通项目投资巨大，一条线路动辄需要数十亿元甚至数百亿元，主要靠地方政府基本建设资金滚动支撑。据测算，轨道交通一般可为沿线土地及周边物业带来 20%—30% 甚至更高的增值收益，如果实施"城市轨道＋土地"综合开发，可以实现轨道交通项目的正外部效应内部化，将增值收益中的一部分直接用于反哺轨道交通建设，更好平衡资金压力。

二是有利于更大释放投资消费潜力。实施"城市轨道＋土地"综合开发，其实质是采取"公益性＋经营性"捆绑开发模式，能够显著提升项目盈利空间，有利于调动社会资本参与积极性，进而更好地扩大有效投资。同时，综合开发可以整体提升相关区域发展水平，有利于集聚各类要素资源，促进形成更多新的消费空间，不断释放城市消费潜能。

三是有利于提升建设运营质量、优化城市服务功能。实施"城市轨道＋土地"综合开发，可以有效推动交通基础设施和相关区域建设发展的统筹衔接，在项目规划设计、建设运营、服务管理等方面，最大限度消除相互割裂和冲突，更好优化出行、居住、商业、办公、娱乐等功能布局，有助于城市持续改善环境品质、整体提升运行效率、增强发展内生动力，促进城市均衡协调发展。

三、"城市轨道＋土地"综合开发面临的突出制约

据我们向一些地方的城市轨道交通行业主管部门和投资运营主体调研了解，"城市轨道＋土地"综合开发模式虽然好处多、倍受期待，但因国家政策层面存在制约，很难落地实施。有的地方虽然进行了实践探索，但实际执行效果并不理想，主要原因是现行土地政策极易导致开发建设主体分离，进而给"城市轨道＋土地"综合开发造成障碍。具体来说，城市轨道交通作为基础设施，用地一般通过划拨方式获取，而相关待开发的经营性空间和周边土地，根据相关规定只能通过招标、拍卖或者挂牌出让等方式取得，供地方式的不同，通常会导致二者开发建设主体的不一致。比如，当相关企业通过划拨方式获得轨道交通设施用地后，很难确保自身再通过招拍挂竞争取得相关的上盖物业、站点空间及周边土地开发权，其直接结果是，无法统筹开展轨道建设和土地综合开发。

同时，在规划设计上无法统筹，城市轨道交通项目进行规划和方案设计时，上盖物业及站点空间规划开发利用情况还属于未知，因而难以相互衔接，存在较大不确定性。即使一些城市见缝插针进行经营性空间的开发利用，原先城市规划确定的用地性质、

开发强度、公建配套等都需要调整，但调规变性需要的审批周期很长，有的耗时数年，成本巨大。在项目建设上无法协同，城市轨道交通作为线性工程，基本是一次性建成并投入使用，但相关的综合开发项目由于地块区位、征拆条件、审批程序等各不相同，特别是在开发主体不一致的情况下，很难实现与轨道交通项目协同推进，从而影响区域整体功能提升和项目综合效益。

四、政策建议

实施"城市轨道＋土地"综合开发，关键在于创新供地模式，同时对相关规划、审批、投融资等配套制度和技术规范进行调整完善。

一是开展供地模式改革试点。《关于支持铁路建设实施土地综合开发的意见》明确，利用既有铁路用地进行经营性开发的，可采取协议出让方式办理用地手续，支持实施土地综合开发。建议借鉴这一政策思路，在城市轨道交通、市域（郊）铁路、综合交通枢纽等基础设施领域，对上盖和统一联建的经营性开发部分采取协议出让方式供地，促进交通基础设施和周边土地一体化规划设计、一体化开发建设，盘活土地资源，释放开发活力。鉴于这项改革比较敏感，涉及利益主体多，建议先选择若干轨道交通发展相对成熟的城市开展试点，立足实际稳妥有序推进。

二是优化相应的规划和审批制度。适应"城市轨道＋土地"综合开发模式，加快研究制定相关的项目规划建设控制指引，突出整体协同，加强部门对接，优化审批流程，创新实施方式，让统筹城市轨道交通建设与经营性空间开发利用有章可循。这其中，尤其应做到城市轨道交通项目与上盖物业及站点空间综合开发同步规划设计和立项。

三是着力打通技术衔接梗阻。作为线性工程，城市轨道交通项目一次性规划建设与沿线土地分期开发利用并存的状况难以避免，关键是根据项目特征，确定匹配衔接的技术标准和规范。对那些与轨道交通在工程结构上难以分割、必须同步设计和施工的综合开发项目，应通过预审批完善开发方案，实现技术接口畅通；对那些与轨道交通设施相对独立、用地分离的综合开发项目，可进行科学预留，待将来项目开发建设时有条件做到"无缝对接"。

四是探索完善投融资模式。更加注重用好市场的力量，支持各类市场主体发挥比较优势，通过组建投资联合体、协议合作开发、"PPP+土地"等方式，更好解决项目建设资金问题，并努力实现综合开发的经济效益、社会效益最大化。

把补城市排涝设施短板作为新型城镇化建设中扩投资的一个着力点

刘帅　　王巍　　牛发亮

当前不少地方存在储备的投资项目数量不足、质量不高等问题，对地方政府专项债、中央预算内投资等资金及时有效落地、尽快形成实物量带来不利影响，制约有效投资扩大。同时，汛期以来不少城市暴雨引发的内涝问题突出，"广场看海，房屋被淹，车辆没顶，街道变河道"，严重影响人民群众生产生活和城市安全运行，暴露城市排水防涝设施建设方面存在较大短板。建议在推进新型城镇化中，吸引社会资本参与城市排水防涝设施建设、改造和运营，完善相关标准、流程和协调机制，既扩大有效投资，又补上短板、增强城市整体排水防涝能力。

一、城市排水设计标准偏低。我国一些城市设计的管道排水能力不足，一旦下大雨，"小马拉大车"的城市排水系统就会力不从心，积水短时间内难以排出。某水利科学研究院专家发表文章指出，华南某城市老城区有 83% 左右的排水管道按 1 年一遇排涝标准设计，仅 9% 达到 2 年一遇标准，新城区排水管道也只达到 3 年一遇排涝标准。而很多发达国家城市的排涝标准达到 10—15 年一遇。《中国城市建设统计年鉴》数据显示，2018 年我国城市排水管道总长度为 68.3 万公里，人均管长约 1.37 米，建成区排水管道密度为 10.31 公里/平方公里。而早在十几年前，日本城市排水管道总长 35 万公里，人均管长 2.74 米，城市排水管道密度一般在 20—30 公里/平方公里。

二、城市排水建设缺乏统筹。一是市政排水和水利排涝缺乏统筹。某高校水资源与水电工程科学国家重点实验室专家认为，不少城市在建设过程中，市政排水和水利排涝由不同部门各自负责，标准自成体系，功能协调不足，在改造提升排水防涝能力上习惯于"头痛医头、脚痛医脚"，防洪则一味加高堤防，排水则片面多装管网，没有形成管网、泵闸、河道等多元措施共促的整体提升。二是地上地下缺乏统筹。中国城市和小城镇改革发展中心某专家认为，在我国一些城市，长期以来重视看得见的"地面工程"，忽视投入大、见效慢的"地下工程"。一些发达国家城市基础设施投资中，地上和地下投入之比几乎达到 1∶1，而我国不少城市在这方面差距较大，导致城市地下基础设施建设难以满足防洪抗涝需要。三是城市排水与其他功能设施缺乏统筹。中科院水资源研究中心某专家认为，一些城市在交通设施建设上忽视了排涝，有的道路切断了几十公里自然状态的天然排水通道，却只靠涵洞连通两侧，使排水由"线"变成"点"，有的交通路段处在地势低洼区，本应用高架桥方案，却采用隧道方案，形成了汇水的"锅底"。

三、老城排水改造面临制约。老城区因为开发建设年代较早，排水管道混接、堵塞、破裂、渗漏等现象多发，所以常常成为城市内涝的"重灾区"。中国科学院地理科学与资源研究所某研究员认为，很多老城区的地下排水管道网处于年久失修、排水能力减弱的状态，要想全面翻修、更换重建，需要大量资金支持，但由于这类工程难以获得市场回报，投资者积极性不高，因此所需资金难于保障。还有专家表示，提高老城区排水能力的改造工程对改造方案的系统性要求很高，但在不少城市，改造过程中要涉及住建、规划、市政、园林、环境、交通等多个职能管理部门，经常出现部门之间协调不畅影响改造顺利推进和实施效果的现象。

　　四、海绵城市实施空间有限。2014 年以来，国家出台了一系列政策，积极推进海绵城市建设。事实证明，实施海绵城市建设的一些城区在今年的强降雨天气下受内涝影响较小。但某海绵城市建设技术指导专家委员会专家指出，之前一些海绵城市建设试点的实施范围是城市的部分城区而非整个城市，整体效果有限。国际海绵城市低影响开发工程实践交流协会某专家认为，开发密度较低的城区有充足的空间进行海绵城市改造，但开发密度较高的城区可供改造的空间有限。

　　五、海绵城市规划和建设环节衔接不畅。某高校城市建设学院有研究反映，一些地方海绵城市规划与城市总体规划、专项规划之间互不衔接，影响操作实施。还有一些地方在海绵城市规划中缺少对当地城市的实地调研，一味机械参考技术指南，导致项目完工后达不到预期效果。还有研究人员谈到，现行制度下，设计单位将海绵城市建设方案提交审议后，意味着设计任务全部完成，缺乏后期跟进的机制，如果在施工等后续环节中发现设计有问题，也没有规范的反馈和方案修正渠道，只能自行调整，导致实际中存在大量施工与设计不符的情况。

　　六、城市排水和海绵设施运营维护不力。东部沿海某市规划设计研究院工作人员反映，该市海绵城市设施根据设施种类、位于二环以内或以外、在市政道路还是小区内等，分属不同的管护单位，管护规范、考核办法也存在差异，影响海绵城市设施正常稳定运行。不少城市排水系统疏于维护。比如，有调查发现，东部沿海某市 1/4 的绿地溢流雨水口截污挂篮垃圾累积量超过 50%；华南某城市一个小区水淹 9 小时，除了雨水量较大等原因之外，还有附近河道多处淤积堵塞，桥涵水流不畅，导致河水漫溢和倒灌。

七、相关建议

一是督促地方绘制城市内涝风险地图并推出一批"一涝一策"改造项目。指导各地对城市内涝风险区进行梳理排查，在汇总分析历史数据的基础上，绘制城市内涝风险地图，摸清各点位最大淹没水深、淹没时长和内涝时令等。针对不同内涝点位的具体情况，"一涝一策"对症改造，推出一批补短板投资项目。比如，对河水漫溢的，采取疏浚河道、增加泵闸等方式提升河道排涝能力；对排水管道口径太小的，要及时更换和加铺大口径管网。

二是适度提高城市排水标准。结合推进新型城镇化，因地制宜分类提高城市排水标准，以制度刚性压实各地加大地下排水管网建设改造力度、增强排水防涝能力的责任。有关部门首席气象服务专家建议，都市区排水设计标准应提高到 5—10 年一遇，重要公共建筑区排水设计标准应提高到中小城市 50 年一遇、大城市 100 年一遇。

三是政府和市场多渠道筹资支持老城区海绵化改造。推广海绵城市建设试点经验，覆盖更多城市和城区。通过灵活运用专项债券等政府资金、鼓励地方设立海绵城市建设基金、吸引社会资本深度参与等方式，破解老城区海绵化改造资金缺乏的问题。对预期收益不足的海绵城市建设改造项目，支持各地通过项目打捆、综合开发等创新模式，提高投资回报能力。对预期收益较好的项目，支持项目公司发行公司债券融资；对预期收益稳定的项目，支持通过基础设施领域不动产投资信托基金（REITs）的方式融资；此外，对符合条件的项目，还可通过政府和社会资本合作（PPP）模式融资。

四是完善城市排水防涝建设统筹机制。以优化城市规划和建设流程为抓手，改进分工协调机制，进一步细化和明确城市排水防涝相关职能部门责任边界，更好统筹市政排水和水利排涝、地上和地下、城市排水和其他功能设施规划、建设和改造。构建海绵城市施工建设中发现问题后对规划设计的反馈修正机制，促进解决规划设计不合理、建设施工脱节的问题。

五是通过市场化运营方式提升城市排水防涝设施管护效能。吸引专业性市场机构参与城市排水防涝设施日常运营维护。每年入汛前统一开展排水设施汛前检查维修，集中进行城市内涝风险点位整治、下穿隧道排水能力提升改造等工作，打好城市排水防涝提前量。结合新型基础设施建设，运用智能管网提高泵阀自动化水平和排水系统运转效率。

建议打捆审批、统筹实施
老旧小区管网改造

王巍

　　老旧小区供水、供电、供热、供气、排水等管网，由于设施老化、故障频发，已成为社区安全隐患，影响居民生活质量，是老旧小区改造的重点。但据了解，各地在改造审批和实施中大多遵循长期形成的模式，环节多、程序繁、力量散，亟待创新方式，提高改造效率和效益。当前有几方面的问题比较突出：

　　一是审批多头。一些城市的老旧小区管网改造，供水、供气、市属供热等项目由市级审批，供电、区属供热、排水等项目则由区级审批，而且不同管网改造涉及不同部门或单位，所有项目审批办下来所需时间往往大大超过人们的预期。二是支持资金来源分散。按照水电气热等不同领域政策规定，管网改造中有的项目列入市级直接投资，有的项目则由产权单位或区级承担改造费用，还有的项目是市、区分摊投资。这种情况下，获得支持资金需多头申请，不仅流程长、办事效率低，而且限制了资金的合理统筹使用。三是项目实施缺乏统筹。管网改造实施主体多元，除涉及原产权单位外，还涉及城市管理等部门和电力、热力、燃气、水务等专业公司，无论是改造方案设计、管网底账摸排，还是施工作业，统筹协调难度大，前期准备时间长，且容易出现无序交叉施工和重复拉链现象。

针对上述问题，借鉴部分地方的探索实践，建议在老旧小区管网改造中深化"放管服"改革，优化审批流程，强化统筹协调，提高工作效能。

一是实行"项目打捆"。通过确定一个统筹单位，加强部门协调对接，优化审批等流程，将投资管理中原先的"五个五"优化为"六个一"。也就是将分属供水、供电、供热、供气、排水等五个领域的"五份工作计划、五个改造方案、五个立项批复、五次监理招标、五次工程验收"，改为将老旧小区管网改造视作一个整体，实行"一个统筹单位、一份工作计划、一个实施方案、一个立项批复、一次监理招标、一次工程验收"。

二是下放立项审批权限。将管网改造中涉及的原属于省级或者市级立项审批权限，统一下放至市县级或者区级，并将不同部门或单位的单独审批改为联合审批。同时，实行资金跟着项目走，各相关部门在立项审批通过后要及时统一批复资金，提高资金下达和使用效率。

三是加强实施的统筹协同。充分发挥老旧小区所在乡镇街道的属地优势，授权其承担相应主体责任，协调各专业公司力量，以小区为单位统筹各类管网改造的方案设计、项目立项、工程招标、项目施工和后续运行维护。

三、推动制造业升级和新兴产业发展

充电桩建设面临不少难点堵点问题
建议进一步加强引导和支持

陈黎明　　包益红　　马衍伟

充电桩是新型基础设施建设的重要内容，是新能源汽车产业发展的基本支撑。今年《政府工作报告》对充电桩建设作出部署。就此，我们向有关协会、机构和企业进行了调研，相关情况和建议报告如下。

一、充电桩缺口较大，前景十分可观

近年来，我国充电桩建设力度不断加大，但由于数量不足、分布不均、使用不便，"充电焦虑"仍然是新能源汽车推广应用的一大制约。根据相关机构数据，截至 2020 年 5 月，我国已建成充电基础设施 129.9 万个，其中公共充电桩 55.1 万个、私人充电桩 74.8 万个。车桩比水平持续提高，已由 2015 年的 7.84∶1 提高至 3.5∶1，但仍然远低于《电动汽车充电基础设施发展指南

（2015—2020）》规划的1：1的目标。按有关规定，新建住宅停车位建设或预留安装充电设施的比例应达到100%，大型公共建筑物、公共停车场不低于10%，但配比不达标情况十分普遍。由于规划布局不够合理，有车无桩、有桩无车问题并存，一些充电需求较大的地区，常常出现排长队的现象；相对偏远的地区，充电桩使用率低、无人维护，导致设备闲置。

未来一段时期，充电桩建设具有较大空间。有关机构研究认为，按理想车桩比（私人乘用车1：1，公共乘用车3：1，公共商用车5：1）测算，全国还需新建充电基础设施220万个。预计到2025年，全国充电基础设施保有量应超过2080万个，需新建1900万个，对应硬件投资额超过1000亿元，再加上相应的土地、土建、配电、施工、服务、运营等其他成本（与硬件成本比例约为1：1），将拉动充电设施建设总投资超过2000亿元。到2030年，新能源汽车年销量占比有望达40%，保有量将达到6000万辆，充电基础设施建设总需求达5800万个，对应硬件投资额2700亿元（考虑设备成本下降因素），将拉动充电设施建设总投资约5400亿元。

二、制约充电桩投资潜力释放的主要问题

一是建设运营成本高。充电桩行业属于典型的重资产行业。有关资料显示，2017年我国约有300多家充电桩企业，到2019年一半企业已倒闭或退出，还有30%在盈亏平衡线上挣扎。某公共充电桩企业反映，一个快速充电站一般为6—8个桩，负控费、增容费、基础电费等费用高昂，总体成本千万元起计。据测算，运营类充电桩静态投资回报期平均为6—10年。大多数企业在盈利

之前，就要面对充电桩老化、淘汰等问题。受疫情影响，今年以来运营企业收入大幅下滑，亏损面扩大，不少陷入融资困境。

二是相关审批有待改进。目前，充电设施建设场地大多利用现有停车场和零散地块，土地性质和所属建筑物使用性质各异，用电申请、报建及验收等手续办理困难。一些老旧小区电网接近满载，但电力报装流程复杂、周期过长，电力增容需缴纳较高费用。多地要求建设充电站要在相关部门备案，但在环评、能评、审批、验收等方面缺乏操作细则或标准依据，导致建设进展缓慢甚至被迫停滞。某企业表示，钱投进去了，地也拿下来了，但项目建设审批卡了半年，验收还要审批，总共要花上一年多时间。

三是设施安装限制多。有关机构采样调查，在109.5万辆新能源汽车中，未随车配建充电桩的达34.6万辆，整体未配建率为31.6%。集团用户自行建桩、居住地物业不配合、没有固定停车位，是未随车配建的主要原因、占比超过70%。企业和用户反映，一些地方不允许在地下停车场建设直流充电桩，造成了大量场地资源空置。部分地方要求，安装充电桩需要小区物业开证明、周边车位业主同意才可以。有的物业抱着"多一事不如少一事"的态度，以管理困难、存在安全风险为由拒绝；有的物业要求必须经过2/3业主同意，甚至借机收取管理费，一般每个车位300—500元/月。

四是互联互通水平较低。在硬件兼容方面，充电桩充电接口和通信协议统一为国家标准，但不同品牌充电体验差异较大；换电站尚未形成标准化发展模式，仅可服务自己品牌车型。在交易结算方面，不同充电设施运营商之间尚未做到完全共享充电桩信息和电力使用信息，无法进行有效的统一支付结算，终端用户在用电计量、资金结算、支付方式等方面不够便利。在统一管理方面，运营商尚未全部接入全国统一平台，对行业监管和用户便捷充电造成一定阻碍。

五是技术层面仍有差距。在前一轮充电桩投资高峰下，企业"跑马圈地"、低效扩张，充电功率较低。近年来，直流快充成为充电基础设施发展趋势，有利于破解充电时间过长问题，但受制于购置成本高，新增充电桩仍然以交流桩为主。目前，全国已建成公共充电桩中，直流桩占比不足42%。从实际充电功率看，国内充电桩额定功率在120kW以下，而车主验证的实际充电功率更低，普遍在90kW以下。

三、几点建议

充电桩列入新型基础设施后，不少企业投资热情再度高涨。建议一方面抓紧完善相关促进政策，以企业为主体、补上充电桩建设短板；另一方面加强引导规范，避免低水平竞争，推动充电桩建设有序发展。

第一，切实破除投资建设障碍。一是健全协调机制。厘清职能部门以及公用事业单位、物业公司等各方责任，推动政策措施落实到位。二是加强规划衔接。将公共充电桩、专用充电站建设用地纳入城市发展规划，尽可能满足用地需求。落实大型公共建筑物、公共停车场充电桩配比要求，推进高速公路服务区充电桩建设。三是深化"放管服"改革。指导有关公共事业单位改进服务，降低收费标准。简化投资建设备案及相关审批手续，吸引社会投资参与建设运营。

第二，提升行业管理水平。完善充电桩有关标准和认证体系，加强质量安全保障，消除安全隐患。健全私人充电桩建设管理机制，放宽物业不合理的限制，将充电桩纳入老旧小区改造内容，推动新建小区私人充电桩安装便利化。制定充电服务定价指导意见，设置服务费价格区间。充分发挥相关行业协会作用，推进行业自律，避免充电桩企业恶性竞争。

第三，鼓励管理运营模式创新。充电桩既要建设好，更要运营好，这事关充电桩可持续发展。建议完善相关信息系统，实现全国充电基础设施产品类型、建设地点、工作状态等统一接入，为运营商数据共享、平台对接、统一结算提供基础支撑，提升用户充电体验，减轻建设运营企业管理和维护压力。

第四，完善各项扶持政策。适当加大对充电桩建设支持力度，优化财政补贴政策，提高补贴发放效率。目前各地财政补贴以建设补贴为主，一般为投资建设成本的30%左右，建议逐步转向运营补贴，避免重复建设，提升资金效果。完善有关税费优惠政策，用好地方政府专项债，支持建设公共充电桩等。鼓励保险行业设立充电桩第三方责任险种。创新信贷、基金等支持方式，缓解企业融资困难。

汽车产业当前面临的五大挑战

——汽车产业转型升级系列调研报告之一

马波　　李钊　　刘若霞

汽车产业涉及面广、集成度高、资金技术人才密集，是工业化和信息化、实体经济和数字经济以及新一轮高科技跨界融合的平台载体，也是进一步扩大内需、畅通国内循环的重要着力点。近期，我们组织相关部委、汽车企业和行业协会，对我国汽车产业发展进行调研。各方普遍认为，当前我国汽车产业发展既面临5G、物联网、人工智能等技术突破带来的历史性机遇，也面临市场需求、政策环境、国际竞争等方面的风险挑战，正处于转型升级关键调整期，应当予以更多关注和支持，推动汽车产业破束缚、补短板，焕发出更大生机活力。

综合来看，当前我国汽车产业发展面临以下几方面挑战，应及时采取针对性措施予以有效应对。

第一，"前端压力加大"与"后端潜力释放不足"并存带来的挑战。一方面，我国汽车产销量低增长或负增长已成为常态，市场需求在一定程度出现饱和。在过去近 20 年间，我国汽车产销规模飞速增长，已连续 12 年稳居全球第一。但从 2018 年起，汽车市场开始出现负增长，2019 年产销分别完成 2572.1 万辆和 2576.9 万辆，同比下降 7.5% 和 8.2%，预计今年产销量降幅 4% 左右。另一方面，汽车后市场需求旺盛、潜力巨大，但发展速度较慢、规模较小。汽车后市场包括汽车养护、汽车金融、二手车、改装车、汽车文化等，相比较汽车发达国家，还处于起步阶段。

第二，产业链供应链短板带来的挑战。我国汽车产业基础薄弱环节突破缓慢，特别是新冠肺炎疫情使不少问题进一步暴露。一是基础软件、元器件等短板威胁产业安全。汽车研发用 CAD、CAE、CAM 等计算机设计与模拟软件，车规级功率半导体 SiC 和 GaN 器件、IGBT 芯片、高精度传感器等基础元器件严重依赖进口。二是部分关键基础材料尚待突破。例如动力电池关键材料技术总体上仍落后国际先进水平，部分高端材料还依赖进口。驱动电机用高品质电工钢、非晶合金铁芯、新型电超导与热超导材料、耐高温耐电晕绝缘材料等与国外差距明显。三是关键零部件严重依赖国外。自主品牌总体处于价值链低端的状况没有发生根本性改变，中高端市场多由外资企业占据，具体表现在自主品牌传统汽车发动机 ECU 市场份额不足 5%，高效变速器低于 25%，高压共轨系统仅 2.8%；新能源汽车动力电池用高性能高镍三元材料、碳硅材料等高度依赖进口；面向未来智能化竞争的车控操作系统、车规级芯片等外资依赖度超过 90%。与此同时，国内车企研发水平及投入不及海外车企。欧盟委员会联合研究中心《2019 年欧盟工业研发投资排名》显示，大众汽车在 2018—2019 财年研发投入蝉联全球车企第一，高达 1100 亿元人民币，超越我国所有自主品牌研发费用总和。

第三，**产业转型升级带来的挑战**。以能源革命、数字革命、智能革命、体验革命等为代表的新一轮科技革命驱动着汽车产业转型升级，传统汽车企业正面临着以技术驱动为特征的、从生产型制造向服务型制造转型的变革期，原有的依靠要素驱动和低成本竞争的增长模式难以为继。传统汽车企业普遍存在三方面焦虑：一是自主规模对竞争支撑不足。国内车企市场份额较低，在规模上还远没有达到参与国际竞争应有的体量，在平台共享、资源获取、成本竞争等方面与国际汽车巨头相比还有很大的差距；二是资源整合能力不足。由于自身体量、技术、规模等方面的差距，导致自主品牌在合作中处于劣势甚至边缘地位，存在资源获取的不确定性和合作的被动性；三是推动转型的系统性和集成性不够。转型过程中产业边界重构、知识结构重塑，企业原有的组织架构、体系、技术、资本、人力、体制机制配置的适应性以及商业模式的调整也面临巨大压力。与此同时，汽车转型升级步伐加快，对现有的道路交通、数据安全等相关法律法规标准造成一定冲击，也对现有的政府监管模式提出了新的要求。

第四，**新能源汽车竞争加剧带来的挑战**。我国新能源汽车产业快速发展，产销量连续五年位居全球第一，引领了全球汽车产业电动化转型进程，形成了我国汽车产业的发展高地。但先发优势并不明显，日本、韩国等主要汽车国家和地区纷纷加强战略部署，强化政策支持，通过加大投资和补贴力度正向拉动产业发展。2020年，欧盟拟投入近1900亿欧元用于支持新能源汽车、电池在内的清洁汽车产业发展，德国将新能源汽车补贴额度由6000欧元提升到9000欧元。跨国汽车企业相继发布电动化转型战略，大众公司计划到2029年推出75款电动汽车、累计销售电动汽车2600万辆。我国新能源汽车产业恐面临"不进则退、慢进也是退"的境地。

第五，合资股比放开带来的挑战。按照相关要求，汽车行业将在 2022 年彻底放开合资公司股比限制。从长远来看，这有利于激发自主品牌参与国际竞争的积极性、主动性和创造性，提升我国汽车工业整体实力。但从现阶段看，不少企业存在以下担忧：一是产业"空心化"的担忧。虽然我国自主品牌销量已经占据国内市场的半壁江山，但掌控核心技术与资源的能力总体还不是很强，放开合资股比可能削弱话语权。二是国内车企或将重新洗牌。外资品牌技术加码、价格下移，将压缩自主品牌生存空间，增持股份将带来整个市场的连锁反应，自主品牌将进一步被挤压，实力较弱的车企难以摆脱退出行业或被兼并的命运。

聚焦六大问题 深化汽车产业"放管服"改革

——汽车产业转型升级系列调研报告之二

李钊　　马波

汽车产业链条长、管理部门多，长期存在"九龙治水"等一系列问题，增加了企业成本负担，束缚了产业创新发展。通过调研了解，企业对六个方面的堵点痛点反映强烈，期盼持续深化"放管服"改革，优化行业管理体制机制，为汽车产业营造更加良好的发展环境。

一、汽车产品准入环节交叉重复管理

目前，工信、市场监管、交通运输、生态环境等部门均对汽车产品实行准入管理。一是多头审批增加企业办事难度。企业申办产品准入时，需按照各部门规定的流程同时或依次申办，由于各部门工作不同步，往往使新车上市周期延长约6—9个月。新能源汽车除办理产品准入外，如要享受"两免"政策，还需要分别申请进入免征购置税目录（由财政、税务、工信部门管理）和免征车船税目录（由财政、税务、工信、交通部门管理），重复提交多套材料。二是多方检测增加企业成本支出。据统计，汽车产品准入每年检测认证费用超过 45 亿元，其中部门重复管理导致的样车制作和试验检测费用支出约占 30%；有的强制性认证，需额外向认证机构支付检测费用的 10% 作为服务费，初步估算企业每年为此多支出近 3 亿元。三是多种标识影响企业生产效率。各部门要求产品交付时的随车文件各不相同，例如工信部门要求合格证、油耗标识，市场监管部门要求强制性认证 CCC 标贴，生态环境部门要求环保清单。这些随车文件实质内容相同或相近，企业需要分别开发不同的打印系统，对每台汽车进行配发，浪费人力物力。

建议：借鉴欧、日、韩等国家和地区汽车产品准入管理模式，精简整合目前多个部门分别实施的准入管理事项，最大限度实现集中管理、统一检测，加强部门间信息共享，减少重复检测、重复认证。这项措施如能出台，预计每年将直接减轻企业负担超过 16 亿元，并缩短新产品上市周期。取消新能源汽车免购置税、车船税目录管理措施，凡取得产品公告的车型均可直接享受"两免"政策，避免重复申报。

二、汽车生产准入管理不适应行业发展趋势

汽车生产企业需向工信部门申请生产准入资质，要求同时具备设计开发和生产能力，包括冲压、焊装、涂装、总装等多种工艺。企业获得许可后，只能生产本企业品牌产品，不能接受其他企业、其他品牌的委托生产。这种管理模式，限制了研发外包、

委托生产等商业模式发展，也影响了汽车生产企业优化整合生产力布局，不利于行业精细化分工和消解过剩产能，降低了资源配置效率。例如，随着新能源和互联网"造车新势力"崛起，出现了专注研发、持有品牌的新生代车企，完全可以利用传统车企的成熟生产线和品控管理体系，而没必要重新投资建厂。但按照现行规定，这种企业目前无法获得汽车生产准入资质，"自己家孩子只能上别人家户口"。再如，部分汽车生产企业产能过剩，希望利用空闲产能承接其他企业富余订单，但在现行管理模式下也行不通，造成资源闲置浪费。

建议：适应互联网时代汽车产业融合创新发展趋势，修订《道路机动车辆生产企业及产品准入管理办法》等相关规定，进一步放宽汽车生产企业准入，取消对研发外包、委托生产等模式发展的限制，在保障质量安全的前提下，鼓励新业态、新模式发展。

三、政策规则标准不协调、不统一、不稳定

长期以来，各主管部门和各级地方政府均可制定汽车生产消费相关的政策规定，造成汽车生产企业疲于应付、无所适从。一是要求不一致甚至相互矛盾。例如，客车产品应满足《客车结构安全要求》和《机动车运行安全技术条件》两项强制性标准，但这两项标准中有12处技术要求存在矛盾。各地对可以驶入城区的轻型货车规定了不同的载货重量标准，从0.5吨以下至2吨以下不等，企业为适应这些规定，被迫设计多款车型、多次申请产品准入。二是内容调整过于频繁。近年来新能源汽车补贴的能量密度、能耗、续航里程等技术指标每年调整，正常的汽车产品研发周期一般为3年左右，企业为了申请补贴，只能压缩研发验证周期，"出

一次政策,改几个月设计,卖几个月车"。横向比较看,欧盟、日本等汽车发达国家和地区,汽车政策、规则和标准制定权往往集中在一个部门,规则体系协调统一,发布新的法规要求一般提前2—3年,给企业留足准备时间。

建议:在国家层面建立部际协调机制,统筹汽车产业发展相关政策和标准制修订,使相关内容更加协调统一,调整更加慎重稳妥。加强对地方的统筹指导,清理不合理、不一致的地方政策标准,推动建立全国统一标准、统一市场。

四、事中事后监管缺乏统筹联动

在汽车生产和流通领域,目前尚未建立跨部门、跨层级的"双随机、一公开"监管机制,各监管部门分头抽查,结果难以共享。某大型汽车生产企业反映,该企业同一类产品在2个月内被3个地区环保部门抽查,每次都需要企业相关负责人到场,重复提供相关材料。各部门产品抽查都需要封存样车,送到指定检测机构进行实验检测。企业反映,检测后的样车再交还企业,价值都有所减损,根据不同的检测项目、方法,减损幅度在10%—50%不等,碰撞等破坏性检测项目甚至直接导致汽车报废,损失均由企业承担。

建议:加快建立跨部门、跨层级的联合监管机制,统筹抽查对象、抽查比例、检测内容,加强结果互认和信息共享。研究建立汽车产品抽查检测的财政保障机制,合理补偿企业因产品封存检测产生的损失。

五、第三方检测评比过多过滥、企业不胜其烦

除政府部门强制性检验认证外，汽车行业还存在大量第三方检测机构的检测评比活动，包括"中国新车评价规程""中国新能源汽车评价规程""电动汽车评测""中国保险汽车安全指数""中国汽车健康指数""中国消费者汽车驾乘指数"，等等。这些名目繁杂的检测评比看似企业自愿参加，实则往往是不得已而为之。据了解，某汽车生产企业每年为此花费超过 2000 万元。

建议：出台相关规定禁止承担国家强制性检验任务的机构及其关联单位自行开展检测评比活动，对其他社会机构开展的检测评比活动进行监管规范和清理整顿，为企业生产经营减负。

六、汽车生产企业获取政府数据困难重重

随着我国汽车市场进入供大于求阶段，生产企业正在从"以产定销"向"以销定产"转变，迫切需要全面、准确、实时的汽车消费数据作为决策依据。目前部分数据可以通过市场采集或购买获得，企业需要付出一定成本，且数据存在很大局限性。事实上，相关部门和行业协会掌握汽车生产、进出口、登记、保险等大量数据，但信息分散且很多没有及时公开，难以满足汽车生产企业的数据需求。

建议：尽快完善部门信息公开共享机制，在保护消费者个人隐私的前提下，加大向社会公开力度，帮助生产企业更加灵敏地捕捉市场变化情况，对其研发、采购、生产、销售等活动进行调整，帮助企业科学安排生产经营活动。

尽快补齐新能源汽车充电设施建设短板

——汽车产业转型升级系列调研报告之三

刘若霞　　李钊　　马波

充电设施是新能源汽车产业发展重要基础，是"新基建"重点领域，对扩大有效投资对冲疫情影响，拉动新能源汽车消费具有重要意义。

一、总体情况

近几年，我国新能源汽车充电设施产业进入快速发展阶段。据有关机构数据显示，截至 2020 年 8 月，我国公共充电桩达到 59 万个，私人专属充电桩 79 万个，总计接近 140 万个。从分布地区看，充电桩建设超过 1 万个的省（市、区）有 17 个，其中超过 5 万个的省市有 4 个，分别为广东、上海、江苏、北京。从产业格局看，目前运营充电桩数量超过 1 万个的企业共有 8 家，运营充电桩数量达到 46.6 万个，份额占比达 90.2%，成为我国充电运营服务网络的主力。

二、存在问题

在设施建设方面，涉及规划、占地、消防、电力、物业和居民等多个方面，利益主体分散、协调成本高、资源配置低效。

一是建设用地难有保障。当前尚未建立对充换电站建设用地的统一规划和保障机制，已经建成的充电场站选址大多为临时用地，部分建设场地以租赁形式取得，租赁期短于投资回报期，经营稳定性不强，甚至有投入使用几个月的站点被要求搬迁的案例。土地性质的临时性给项目投入和长期使用带来了一定风险，影响投资者信心。

二是建设流程复杂冗长。据反映，多地政府要求充电设施建设项目在相关部门备案，但建设项目环评、能评无明确政策文件要求；单个项目金额小不符合备案要求，多个项目打包备案审批难通过；备案无明确验收标准。

三是电力接入和增容困难。充电桩电力接入复杂、周期长，需经规划选址、审批、备案、基建、扩容、电网验收等一系列流程，建设标准较高、投入较大，不确定性因素较多。此外，部分地区需要建设配电房，额外增加建设成本。

四是居民区建桩障碍多。受小区电力负荷不足、私人用户没有固定车位、小区物业积极性不高、日常维护主体缺失、安全责任划分不清等诸多因素制约，居民个人"单桩逐户"建设充电桩困难重重，已经成为制约新能源汽车私人消费的主要障碍。

在运营管理方面，目前充电设施运营商盈利模式单一，收入主要来源是收取充电服务费，而投资成本和运维费用较高，行业整体处于亏损状态。同时行业监管力度不足，还存在一些经营乱象。

一是充电车位被占用现象普遍存在。在部分商业综合体、火车站、飞机场及露天停车场普遍存在充电车位被燃油汽车占用的现象，导致电动汽车车主无法充电。

二是存在违规加价行为。部分运营商利用区位优势违规加价。据了解，某市部分充换电服务运营商向社会用户收取的服务费价格高达4—5元／千瓦时，是当地政府指导价上限的2—4倍，扰乱充换电服务行业发展。

三是高速公路快充站利用率较低。2019年高速公路快充设施平均利用率仅为1.05%，远低于城市充电设施平均水平。在周末或节假日充电服务量激增，但平日充电量较低，具有明显的负荷波动性。同时受运维难度大、土地租金高等因素影响，高速公路快充站长期处于亏损状态。

在政策支持方面，奖补政策落实、验收标准规范等方面还存在一些问题。

一是补贴政策落实不到位。2019年新能源汽车补贴政策要求将对整车补贴"转为用于支持充电（加氢）基础设施短板建设和配套运营服务等方面"的要求没有完全落实。大部分地方只有建设补贴，较少几个省份有运营补贴，基本没有对充电设施技术进步、电力增容或接入的支持。

二是标准缺失影响市场秩序。由于补贴多集中在建设环节，且充电场站验收的标准、规范不统一，既给企业申请补贴造成一定困难，也有部分企业选择非主城区核心地段投资建设廉价充电桩，通过政府补贴收回成本，并不考虑长期稳定运营，导致设备利用率低，低电量零电量等无效充电桩较多，扰乱了市场秩序。

三、几点建议

一是加快落实"车—桩—网"互动政策。对于老旧小区改造，建议将电力增容等纳入电网规划，相关配网资产纳入输配电价；对于新建小区统一将供电线路铺设至专用固定车位，鼓励私人充电桩接入车联网平台，开放共享，提升充电设施的利用效率，破解小区充电难题。

二是完善充电设施运营补贴政策。针对高速公路快充网络出台保障型充电设施的补贴政策，促进城际快充网络发展。完善充电设施建设补贴与运营补贴标准，调动企业运营积极性，促使企业合理配置资源，避免只建设不运营现象发生。

三是加快推广智能有序充电技术。为避免新能源汽车集中充电对电网造成的冲击，加快推动智能有序充电控制功能纳入充电桩技术标准，实现充电桩智能有序充电。

四是优化补贴申领标准流程。统一运营补贴的发放原则和电量统计口径，统一充电场站验收依据，缩短从递交申请到补贴发放时间。加强标识检测、认证评定，确保充电设施产品合规，提高充电设施质量水平。

加快打造"自动驾驶"竞争优势

——汽车产业转型升级系列调研报告之四

马波　李钊　刘若霞

自动驾驶汽车融合人工智能、信息通信、互联网、新能源、新材料和大数据等多种变革性技术，成为全球新一轮科技创新的重要领域和汽车产业转型发展的主要方向。有机构预测，到2030年，中国自动驾驶相关的新车销售及出行服务将超过5000亿美元。

一、发达国家均在抢抓先机

欧盟 2018 年发布《通往自动化出行之路：欧盟未来出行战略》，明确提出到2030年要普及完全自动驾驶。2019年3月发布《网联式自动驾驶路线图》，支持在整个欧洲建立更加一体化和高效的智能交通系统；2019年4月批准《自动驾驶汽车豁免程序指南》，明确对 L3[1] 和 L4 级别自动驾驶车辆的临时安全评估要求。

日本 2015 年建立自动驾驶研究工作组，每年发布《日本自动驾驶政策方针》，今年发展到 4.0 版，明确提出"在 2022 年左右，能够在有限区域内实现只需远程监控的无人驾驶自动驾驶服务；在 2025 年，将这种自动驾驶服务扩大至 40 个区域"；并对《道路交通法》和《道路运输车辆法》进行了修订。

新加坡、韩国、加拿大、俄罗斯等国也在积极推动自动驾驶发展和应用。

二、我国自动驾驶研发应用面临不少难点堵点

近年来，我国积极推动自动驾驶技术发展和应用，有 24 个城市出台与自动驾驶相关的政策和规划文件，发放测试牌照 400 余张，北京、上海、长沙等地开展了载人载物测试示范，在城市客运、物流配送、园区运输、港口和矿山等领域已初步构建应用场景，部分企业已经在特定区域向公众提供自动驾驶车辆试乘服务。与此同时，实践中也暴露出不少问题，遇到一些堵点。

一是技术路线认识未统一。目前存在着不同的技术路线，有的主张"自主式"，即智能单车，突出"车"的主导权，通过提升"车"的智能化水平实现更高级别的自动驾驶，这种方式对车载软硬件要求极高，也大大增加了车辆成本；有的主张"车路协同式"，突出"路"的主导权，由道路接管和控制车辆，但存在成本

---

[1] 国际自动机工程师学会（SAE）将自动驾驶分为 L0 到 L5 共 6 个等级，L0 级为人工驾驶；L1 级为辅助驾驶，比如定速巡航系统；L2 级为部分自动化，可以同时自动进行加减速和转向的操作；L3 级为条件自动化，车辆在特定环境中可以实现自动加减速和转向，不需要驾驶者操作；L4 级为高度自动化，可以实现驾驶全程不需要驾驶员，但有一定限制条件；L5 级为完全自动化，完全自适应驾驶，适应任何驾驶场景。

过高、商业模式不清、路方承担无限责任等问题；有的主张"自主感知＋高精度地图辅助"，并在一定测试区域内实现了低速摆渡车、自动驾驶重卡等，但这种方式只能局限于特定区域、特定作业。

二是现行法规标准不适用。《道路交通安全法》《道路交通安全法实施条例》等都是基于传统汽车制定，驾驶主体必须是人，交通行为责任主体一般是驾驶人；如果汽车存在质量问题，则需要汽车制造商在法定范围内承担产品质量责任。而自动驾驶汽车的驾驶系统是以机器为核心构建，交通行为责任主体则有可能从驾驶人、汽车制造商扩展到自动驾驶系统开发商、车辆运营商、信息服务商、路侧设备提供商等，两者存在本质不同。

三是技术安全有短板。高可靠低时延的通信技术、融合感知决策的算法等关键环节尚未完全解决，异构分布硬件、操作系统、软件工具链等基础计算平台较国外还有不小差距，核心传感器等车规级芯片仍然受制于人，仿真测试软件、卫星高精定位、高精度线控执行器等技术积累欠缺。即使技术上实现一定突破，还会剩下不少"长尾问题"，比如各种零碎场景、极端情况等都会增加自动驾驶的安全风险，需要用大量测试和真实场景解决，在短期内难以实现。

四是现有管理体制不匹配。自动驾驶管理涉及多个部门，现有分散式的管理体制与道路数字设施一体化的需求存在不小差距。目前在一些自动驾驶示范区内，政府主导打破了原有部门的业务边界，推动相关部门业务整合，在一定程度上提升了系统协作能力，搭建了车、路、云、图融合的互通试验环境。这种管理模式在小范围内有效，能否拓展到更大范围乃至全国仍待探索。

五是商业模式不清晰。一方面，政府传统基建投资模式难以持续。当前国内各种自动驾驶示范区建设的模式主要还是单纯依靠政府资金投入进行基础设施改造，路侧激光雷达、毫米波雷达等感知设备以及通信、边缘计算等设备成本较高，缺少车企量产车型的参与和使用，市场化程度不高，经济性不足，且难以形成可复制推广的运营模式。另一方面，现行法律法规标准不利于"减人""降成本"。调研中有企业反映，高速公路干线物流是自动驾驶技术在行业商业化、规模化应用的重要先行场景，但现行法律法规不支持自动驾驶车辆上路运行，"司机下不了车"，自动驾驶部署和运维成本将远高于人工驾驶，难以商业化运行。

三、有关建议

一要建立协调领导机制，加强顶层设计。建议在国家层面成立相关工作机制，统筹推进总体规划、技术路线确定、核心技术攻关、标准制定、法律法规调整、跨部门事宜协调等工作，尽快缩小与发达国家的差距，加快培育核心竞争力，力争早日实现技术引领、产业引领。

二要加强技术攻关应用，完善产业形态。要推动整车、零部件、软件、电子、互联网等企业，以及相关协会、产业联盟等组织深度合作，加强自主操作系统和自动驾驶域控制器、车用线控底盘、下一代电子功率器件、车规级芯片等关键核心技术研发，加快动态地图、云控基础平台、电子电气架构等基础共性技术突破，不断提升自主创新能力，搭建良好产业发展生态。

三要完善法律法规政策，提升治理能力。交通方面，要研究优化《道路交通安全法》《公路法》等法律法规中不适用于L3及以下级别自动驾驶汽车发展的条款，同时要着手研究制定《自动驾驶法》，给予自动驾驶系统合法的驾驶地位，妥善应对高级别自动驾驶面临的各类法律问题。数据安全方面，要研究制定自动驾驶汽车网络安全监管相关管理规定，以及数据采集、存储、传输、使用、出境等具体管理办法。

四要加快标准体系建设，实现标准引领。以研发设计、试验验证、准入认证、在用车监管等角度为切入点，加快建立国标、行标、团标协同配套的新型标准体系，健全先进驾驶辅助系统、自动驾驶、信息安全、网联功能与应用、车用操作系统等细分领域标准，实现标准与产业需求对接协同、与技术发展相互支撑，促进智能网联汽车技术快速发展，支撑高等级自动驾驶车辆量产应用。

五要坚持分期建设、兼容共享，降低建设成本。自动驾驶技术迭代很快，依照现有条件进行车路通信设施建设，不仅成本高，且容易过时。建议按照技术可行、经济合理的原则，分阶段推进车路通信设施建设，并且根据建设推进情况和效果，不断修正完善后续建设方式和内容。要充分利用现有交通交管系统硬件设施和ETC、门架等信息化系统资源，推动这些设备共用共享，既有利于满足自动驾驶车辆对基础设施的信息需求，也能有效降低成本。

六要加大投资模式、商业模式探索力度，推动可持续发展。在投资模式方面，有的地方已经摸索出一些经验，政府负责基本必要设施如电缆、光纤、杆体等的建设，企业在政府基础网络上加载定制化设备，形成政府和企业深度绑定、多主体投资建设、相互融合支撑的试验环境和模式。要充分发挥各类自动驾驶测试区、示范区和先导区的先行先试作用，尽快形成可复制可推广经验。在商业模式方面，建议尽快研究出台相关自动驾驶汽车运营政策，为企业在自动驾驶出租车商业化落地层面的探索提供政策支持。

"小步快走"推动汽车改装市场发展

——汽车产业转型升级系列调研报告之五

马波　　李钊

汽车改装是指根据车主个性化需求，通过增加、修改或彻底更换零部件、材料等方式对原厂车型的外观、内饰及机械性能等进行改动，是汽车后市场的重要一环。过去 10 年，我国汽车改装行业年均增幅达到 15%，2019 年市场产值接近 2000 亿元，促进了汽车行业创新，带动了大量的就业和税收。据预测，随着消费需求不断升级，如相关政策适度松动，未来汽车改装行业将进入高速发展阶段，有望形成万亿级大市场。

一、国内汽车改装市场亟待开发

一方面，市场潜力巨大。2019 年，我国汽车改装比例仅为 5%，汽车改装在后市场中的份额仅占 3%，相较于欧盟等高达 80% 的汽车改装比例和 40% 以上的后市场占比，差距大、潜力也大。今年8月在苏州举办的一个专业改装展，虽处疫情期间，观众人数仍达到13.8万，比去年翻了一倍。年轻一代在汽车消费上愈发追求"高端化、品牌化、品质化、个性化、定制化"，这也成为未来汽车改装市场的主流方向。近年来，一系列利好政策推动汽车改装行业加速发展，例如2018年国务院印发《完善促进消费体制机制实施方案（2018—2020）》，明确提出积极发展汽车改装产业；2019年公安部发布实施新版《机动车查验工作规程》，明确车顶行李架、出入口踏步件、散热面罩、轮毂、轮胎等在规定条件下为汽车合法改装项目。在政策推动下，汽车改装行业发展活力得到充分释放，以企业注册量为例，2019年汽车改装行业新注册企业达到1719家，同比增长39.6%；今年上半年新注册企业达到4190家，在疫情影响下依然同比增长443%。

另一方面，制约因素不少。一是政策法规尚不健全。我国涉及汽车改装的政策法规主要为《中华人民共和国道路交通安全法》《中华人民共和国道路交通安全法实施条例》《机动车查验工作规程》等，尚无专门针对汽车改装及所属行业的法律法规。此外，现行法规虽然针对汽车改装作出了一定调整，但开放领域有限，无法满足消费需求，制约了汽车改装行业发展。二是技术水平相对落后。当前，我国尚无完善的汽车改装行业技术标准体系，传统燃油汽车的机械性能改装仍处政策"灰色地带"，发动机ECU、高效变速器等零部件技术较国外存在一定差距，汽车改装常涉及的发动机ECU升级程序、变速箱尾牙等需依赖进口。改装企业"小、散、弱"，尚未形成具有一定影响力的改装厂商和品牌。三是市场监管体系有待完善。由于相关标准、法规的缺失，监管部门往往"无法可依"，甚至连是否有监管职权都难以明确，行业组织的规范约束作用相对有限，导致汽车改装市场乱象丛生，劣币驱逐良币现象频发。

二、发达国家汽车改装市场有可借鉴经验

在汽车工业发达国家，汽车改装已经成为汽车产业链的重要组成部分，在改装车市场、产品、技术、标准法规、管理体系等方面均进入了相对成熟的阶段。

（1）欧盟。欧盟主要汽车制造商将可改装性作为其汽车产品设计阶段的重要指标。制造商一般均有合作的改装厂，既进行生产型改装，也面向消费者提供消费型改装服务。欧盟形成了以第三方产品认证为核心的改装汽车管理体系，车辆主管部门授权第三方技术服务机构对汽车整车（含改装厂）及零部件进行认证，无论是生产型改装还是消费型改装，只要满足认证要求即可获得上路许可。

（2）日本。丰田、本田、日产等主要汽车品牌均参与设立改装厂或与改装厂合作开展改装业务。日本对汽车改装采取政府认证管理，改装零部件分为无须申报和必须申报两种情况。对于80多种无须申报的改装零部件，消费者只需购买认证后的配件进行改装，便具有品质和法律上的保证，无须更改汽车的登记资料；如果改装幅度超出指定范围，如车架及车体、发动机、动力传动装置、行驶装置、转向装置、制动装置等，则必须申报。此外，日本通过设定政策"红线"规范汽车改装。例如日本《道路交通法》规定，任何改装均不能妨碍驾驶者的视线和方向盘操作，也不得干扰后视镜和车外照明系统的正常功效。

三、有关建议

一是完善法律法规，逐步放宽政策制约。结合我国国情，出台针对汽车改装行业的法律法规，明确规定汽车各部分的改装范围，进一步放宽汽车改装各项限制政策，充分释放汽车改装市场发展潜力。修订汽车登记、查验标准等规定，推动汽车改装行业规范化、标准化发展。

二是加强行业监管，制定专业性改装技术规范。明确汽车改装行业归口管理部门，健全汽车改装安全、质量、服务等技术标准与认证体系，对改装企业与零部件实行认证注册制，制定改装产品目录并持续更新。对于改装企业，要建立明确的软硬件审核与改装服务监管机制，明确改装与售后责任范围，给予通过审核的改装厂商合法经营权。

三是开展汽车改装试点，允许部分地区先行先试。在国外，大牌整车厂授权专业改装厂或4S店从事汽车改装业务，其使用的产品配件、装配技术与改装范围、实施方案、服务标准均获得主机厂的认证及授权使用，改装后的汽车仍可使用原品牌标识。借鉴这种方式并结合我国国情，建议在汽车改装相对发达的珠三角等地区，由汽车生产企业授权4S店开展试点工作，加快形成可复制推广的经验，逐步在全国推行。

四是加强零部件技术攻关，带动行业转型升级。支持零部件企业加强技术研发投入，深化与国外改装厂商的交流合作，培育若干国际知名的零部件厂商，提升我国汽车改装行业整体技术水平，推动我国汽车改装市场由单一的零部件装配向设计、研发、验证、制造、装配、售后于一体的全环节配套方向发展。

五是培育健康改装文化，保障道路交通安全。引导汽车消费者树立正确改装观念，通过公益宣传、警示教育等手段帮助消费者了解非法改装带来的安全隐患，培养遵纪守法意识，营造和谐健康的汽车改装文化，促进道路交通安全有序。

依靠标准引领和市场竞争
加快推动专用汽车行业做优做强

——汽车产业转型升级系列调研报告之六

李钊　马波

专用汽车是指用于专门运输或专项作业的车辆，既是重要的生产资料，也是衡量汽车工业发展水平的重要标志。当前阶段，我国专用汽车在保有量、普及率、专用化程度等方面存在短板，市场潜力巨大、需求快速增长，可作为汽车产业未来发展的重要突破点，进一步加大规范引导力度，促进行业调整结构、转型升级，更好满足经济社会发展需要。

一、我国专用汽车行业发展现状

近年来，我国专用汽车行业发展迅速，生产企业数量快速增加，截至 2019 年具有资质的生产企业达到 1600 家，较 10 年前增长约一倍，出现了一批具有国际竞争力的骨干企业。在产业布局上，生产企业主要集中在中、东部地区，山东、湖北、河北、江苏四省企业数量占据全国半壁江山，形成了山东梁山、湖北随州等专用汽车产业集群。

专用汽车产销受经济形势和监管政策影响明显，近年产量虽有波动，但整体呈上升趋势。按照结构型式分类，专用汽车可分为普通自卸、厢式汽车、罐式汽车、专用自卸汽车、举升汽车、特种结构汽车、专用半挂汽车等八大类。2019 年，全国累计生产专用汽车 336.63 万辆、同比上升 36.36%，其中半挂车、举升汽车、罐式汽车同比分别增长 109.8%、41.4% 和 24.9%。在汽车消费整体疲软的大背景下，专用汽车展现出强劲的增长潜力。

目前，运输类专用汽车产品占据主要市场份额，作业类产品需求稳中有升，细分领域个性化、创新性需求快速增长，特别是对技术含量高、附加值高的车型需求强烈。例如，随着市场对生鲜食品需求逐步增加，与冷链物流运输相关的产品需求大幅增长，2019 年冷藏车产量同比增长 28.83%；在城建环卫领域，绿化喷洒车、洒水车、运油车、清洗吸污车增量均在 20% 以上，尤其是清洗吸污车同比增长 93.62%；在应急消防等领域，登高平台消防车、桥梁检测车、云梯消防车的年产量同比分别增长 102.11%、55.56% 和 95.74%。作为首批放开的汽车行业之一，专用汽车已于 2018 年率先取消外资股比限制，目前看对行业的冲击和影响有限。随着国六排放标准实施，车辆更新换代需求急剧增长，此外重大项目和民生工程的持续推进，也将带动专用汽车消费需求。

二、目前行业发展面临的困难与问题

与发达国家相比，我国专用汽车行业发展起步较晚，技术水平相对落后，产业和产品结构不够均衡，市场体系有待规范，与各行业领域高质量发展需要存在一定差距。主要体现在以下方面：

一是标准体系缺失滞后。专用汽车具有小批量、多品种、个性化等特征，目前尚未形成完备的国家和行业标准体系，很多已上市产品无统一标准可依，部分整车依然套用载货汽车技术标准。专用装置标准严重匮乏，生产企业各行其是，产品配件通用性、标准化程度低。《专用汽车和专用挂车分类、名称及型号编制方法》等重要标准十年前制定，大量新产品、新车型无法根据标准分类。专用汽车出口订单日益增多，标准内外一致性问题凸现，很多产品出口需要国内外重复认证。

二是企业小散弱、市场集中度低。据统计，我国35%的专用汽车生产企业年产量低于100辆，67%的年产量低于1000辆，而年产量超过1万辆的仅占行业4.7%，大多数企业难以实现规模效益。以产量较大的半挂车为例，2019年在产企业749家，其中436家产量在1000辆以下，占总数58%。生产企业规模普遍较小，甚至不乏作坊式企业，资金技术实力薄弱，自动化生产线、机器人、电泳技术等没得到普及，生产自动化程度远远落后于商用车制造。

三是产品结构失衡、质量档次不高。我国现有专用汽车品种超过6000种，同质化、低端化、仿制化产品较多，产能总体利用率仅约60%。技术含量较低的半挂车、自卸车等产能过剩，技术含量较高的排水抢险车、高层消防车、重型清障车等供给不足。中轻型车占比较高，重型车比例明显偏低。国内专用汽车大部分是在普通载货车底盘基础上改装而成，专用底盘研发创新不足，液压件、泵类、阀类、控制仪表等关键零部件质量与国外有较大差距。

四是行业监管存在短板。尽管专用汽车行业已经导入《道路机动车辆生产企业及产品准入管理办法》、《机动车运行安全技术条件》等规章制度，但由于品种多、市场集中度低，在一定程度上导致监管资源分散，影响行业监管力度和效果，给假冒伪劣产品和不合规车型留出生存空间，低质低价竞争普遍存在，市场竞争和发展环境有待进一步规范。

三、相关政策建议

一是完善标准体系促进行业发展升级。以质量安全等技术要求为重点，加快推进专用汽车技术标准制修订，支持行业组织和骨干企业制定团体标准，解决标准缺失、滞后等问题，提升标准水平和覆盖率，严格标准实施，依靠标准提档引领行业升级。持续关注国外产品创新和标准变化情况，及时对国内标准法规进行制修订，实现国内外标准接轨，推动专用汽车行业国际化发展。

二是支持生产企业提升研发创新能力。顺应重型化、智能化、轻量化、环保化等发展趋势，支持骨干商用车企业加强专用汽车方面的研发投入，特别是专用汽车底盘、智能化控制系统等关键零部件研发，开展应急消防、重型物流、特种检测等亟需车型攻关，细化产品类型、优化产品结构。支持车企、研发机构共建专用汽车研发平台，缩短开发和生产周期。通过技改资金等渠道，支持生产企业逐步淘汰以人工为主的机械加工方式与设备，引进智能化、柔性化设备，提升生产工艺和质量水平。

三是通过优胜劣汰提高产业集中度。完善专用汽车检测认证体系，加强全生命周期市场监管，严厉打击无证无标生产等违法行为，维护市场公平竞争、优胜劣汰。从注册资金、研发能力等方面提高行业准入门槛，依据法规标准和市场机制淘汰小作坊、"小散弱"企业，大幅压缩淘汰落后产能。支持骨干企业兼并重组，增强资源、技术和市场等优势，进一步推动企业规模扩张和自主创新。围绕核心企业和产业聚集地，汇聚更多优质资源，完善产业配套体系，打造具有国际竞争力的专用汽车产业链。

四、稳住外贸外资基本盘

出口企业从"复工难"转向"缺订单"建议强化稳外贸举措缓解企业困境

包益红　　刘日红

3月中旬以来，随着新冠肺炎疫情在欧美加速蔓延，不少国家采取"封城""封国"等措施，导致国际市场需求急剧萎缩，刚刚复工复产的出口企业遭受"二次冲击"，部分外贸企业陷入恐慌状态，需要引起高度重视。近期，我们就此向有关地方主管部门、进出口商会和企业了解最新动态，主要情况和建议如下：

一、我国出口面临巨大压力

——在手订单被削减取消。超过40个国家宣布进入紧急状态，严格管控措施导致商业活动进入"冰封期"，影响了在手订单执行。欧美客户要求我企业延期发货、大单改小单，甚至取消订单。据沿海某市问卷调查，63%的外贸企业反映在手订单延期，26%的企业反映在手订单被取消。货物拒收风险上升。某企业反映，货到法国某港口却无人提货，一个月滞港费超过货值。

——新签订单量直线下降。有关机构反映，境外采购商新订单询盘量锐减，部分企业 5 月后无单可接。沿海某市 10 家外贸龙头企业均表示 4 月份和二季度订单同比下降 20% 以上。一些企业 3 月上旬新签订单量还有增长，但近期新签订单归零。一大批境内外展览会延期或取消，直接影响到获取二季度乃至全年新订单。

——劳动密集型产品首当其冲。国际零售巨头纷纷要求暂停发货，除防疫物资和日需品以外的消费品需求萎缩。德国最大鞋类进口商宣布停止进货 1.5 个月。据沿海某市抽样调查，纺织服装行业在手订单取消、延期和违约的比例分别为 80%、80%、50%，家居行业分别为 73%、100%、55%。机电、医药等行业情况稍好，但订单暂缓较为普遍，订单取消和违约现象也在增多。

受"撤单潮""零下单"影响，一些外贸出口企业面临严峻考验。一是资金链风险上升。境外买家拒收货物、拖欠款项、倒闭关门现象增多，严重影响企业资金回笼和库存消化，应收账款面临巨大压力，一些中小企业可能遭遇银行压贷抽贷。二是运营成本激增。近期大量国际航班、航线取消，整体运力减少 60% 左右。某外贸龙头企业反映，出口到阿根廷的货物运费已比 2 月预报价格上涨 88%，且不能保证航期；从上海到尼日利亚的海运费相比 2 月份上涨 56%，部分订单严重亏损。三是复工复产变为减产减员。某外贸企业表示，在手大订单被紧急叫停，自身和上游生产企业损失很大，已考虑收缩产能并裁员。某办公用品生产企业表示，85% 以上产品出口海外，产品无法发货、堆满仓库，只能停产放假。此外，出口订单萎缩势必连带影响原材料、中间品等进口，加大外向型经济下行压力。

下一步外贸走势主要取决于欧美等疫情防控形势变化。目前不少国家疫情仍处于上升期，扩散范围、持续时间、影响程度可能超出预期，从有关地方和商会预测看，二季度出口形势更加困难。

二、相关对策建议

目前，外贸出口最大问题是正常市场需求、通商秩序被疫情打乱。综合有关方面的看法和意见，有如下建议：

第一，适当延长各地惠企政策期限。各地区各部门陆续出台了一系列政策，但落实力度和覆盖面不够。建议加强惠企政策贯彻落实，引导外贸企业用足用好现有金融、税收、社保、免租等政策。未来几个月是企业最难熬的时期，保生存是当务之急。

第二，加强政策性保险支持。加强出口信用保险支持，扩大保险范围，提高风险容忍度，做到应保尽保、应赔尽赔、应赔快赔。加大对低疫情国家承保支持力度。积极运用出运前取消订单保险政策帮助企业挽回损失。

第三，加大金融支持力度。现金流中断是当前企业最大风险。建议对大型外贸生产企业，提供中长期专项贷款支持。扩大保单融资规模，鼓励银行提供信用贷款，实质性减少抵质押要求、降低利率水平。

第四，降低企业经营成本。加快出口退税办理程序。对受海外疫情影响严重的外贸企业，阶段性增加稳岗就业补贴。取消不必要的进出口商品法检。

第五，支持企业开拓多元化市场。与欧盟等探索建立双边政府引导、商会对接、企业参与的特别贸易机制，建立畅通的"绿色通道"，适当增加抗疫物资援助出口。充分发挥海外仓、分拨中心的储存备货、展示展销、批发转运等作用，满足所在国及邻近市场需求。推行"互联网＋外贸"，支持开展数字化国际营销，建立健全网上广交会等平台，帮助企业争取订单。协助外贸企业出口转内销，研究解决标准认证等问题。

第六，加强海外协调和维权。与有关国家密切协商，加强商务、外交、海关、交通、疾控等对口部门合作，推动建立贸易合作、通关便利、联防联控等机制，努力保航线、保畅通、保订单。综合运用调解、仲裁等多种方式，妥善处理订单撤销、合同违约等贸易纠纷，加强出口风险应对，维护我外贸企业合法权益。

加强内外贸质量标准相衔接
助力出口转内销　促进国内国际双循环

陈黎明

　　国内外标准不一致，是外贸企业出口转内销面临的普遍问题。尤其是纺织服装、家用电器、玩具、鞋类、消费类电子产品等行业，出口占比高，涉及的标准总量大、技术指标多，"由外转内"较为复杂，这一情况在疫情期间进一步凸显。近期，有关部门组织对这些产业涉及的我国标准与国际标准、外国标准一致性问题进行了对比分析，有关情况如下：

　　作为全球第一贸易大国、第二大消费市场，近些年来我们不断推进我国标准与国际标准的接轨，有力促进了对外贸易发展。截至2019年底，装备制造业国际标准转化率达到85.6%，消费品标准与国际标准一致性程度（主要指技术水平一致，下同）达到95.69%。其中，家用电器、玩具、鞋类等领域的标准与国际标准一致性程度均达到100%，纺织服装、消费类电子产品也分别达到95%、89%。

　　尽管我国标准与国际标准的一致性程度大幅提高，但由于不同国家（地区）的资源禀赋、产业结构、技术水平、社会制度、风俗习惯等千差万别，加上许多历史原因和战略考虑，各国标准不可能做到完全一致。因此，按照不同贸易国（地区）标准组织生产的外贸商品，必然会在规格、质量、性能等多个方面差异较大，转销国内市场难免"水土不服"。

一、有些出口商品执行的外国标准具有较强地域特性，在国内用不了、没市场。 比如鞋子和服装，由于东西方人种不同，身高、体型等差异明显，几乎各国都有自己的尺寸表示方法。按照欧洲标准设计制造的鞋子和服装，中国人穿着大都不"合体"，转销国内很难有市场。再如电器设备，由于历史形成的标准差异，许多国家电压等级不同，插头插座也有英标、国标、欧标、南非标、意标等之分，销往欧美市场的电器设备难以在国内直接使用。因此，国内家电生产企业在产品设计之初，都会兼顾到出口和内销问题，出口的出口、内销的内销。

二、有些出口商品执行的外国标准虽然技术水平较高，但生产成本也相应较高，缺乏价格优势。 质量需要成本，高标准意味着高成本。比如玩具，欧盟约有80%的玩具产品从中国进口。欧盟也制定了全球最严格的玩具标准。以可迁移元素限量为例，国际标准以及中国等大多数国家都是限制8种元素，完全可以避免可能带来的大多数风险，而欧盟标准规定了19种。由于限量要求高，出口企业需要采购质量更好的原料，进口精度更高的检测设备，还要配备具有相应水平的技术人员，等等，导致各环节成本大幅增加。因此，这些玩具在欧洲的标称售价会高于国内大约50%。类似产品标准高、质量好，完全可以转销国内，但在价格方面没有优势。

三、有些出口商品执行的外国标准低于国内标准规范要求，转销国内有违公平竞争。比如，我国纺织品强制性标准对 PH 值、耐水色牢度、耐酸碱汗渍色牢度、耐干湿摩擦色牢度、耐唾液色牢度、异味等作了规定，而国外没有这些要求。这样的规定既能够间接控制纺织品中有害染料向人体转移、确保质量安全，同时又兼顾了国内纺织产业发展水平。这种情况下，如果允许不符合国内标准要求的出口纺织品转销国内市场，既有可能冲击国内产业，而且也有失公平。

标准是贸易的桥梁纽带，也是提升产品和服务质量水平的重要抓手。当前形势下，既要立足于促进出口转内销，更要着眼于促进国内国际双循环，加快内外贸质量标准相衔接，打通内销外贸两个市场，增强中国制造、中国服务的核心竞争力。建议如下：

从近期看，建议分行业、分领域精准施策，积极帮助有意愿的外贸企业转销转产。一方面，组织有关部门点对点做好技术服务，精准开展国内外标准比对研究，通过标准宣贯、技术咨询、在线培训等方式，指导外贸企业了解国内标准，依据国内标准组织内销转产。另一方面，严守强制性国家标准底线，对于符合我国强制性标准要求的出口转内销产品，允许通过加贴中文标签等方式予以合规。

从长远看，建议充分发挥市场机制作用，引导国内企业制定实施高水平标准。一是鼓励我国企业根据国内外市场需求和贸易实践，综合参考国内外法规标准要求，制定技术水平高于国家标准、行业标准的企业标准，实现同线同标同质—— 一个知名品牌、一套企业标准、全球多国通用，从生产源头上消除内外销产品执行标准不一致的问题，提升中国制造竞争力。二是着力培育具有行业影响力和权威地位的社会团体、产业集聚区，制定并实施高水平团体标准，通过产业链上下游联动、同行业带动，提升行业、区域标准整体水平。三是针对需求旺盛的产品和服务，完善质量分级与评价、质量信息披露标准，消除生产者与消费者之间的质量信息障碍，建立供给侧与需求侧间的质量信任。尤其是促进互联网平台企业与传统制造业企业的紧密联动，用平台汇聚的海量消费大数据，精准挖掘市场需求偏好，用"云"端智慧指引线下制造。四是着力加强国际交流合作与标准互认，与更多国家签署标准互认协议，相互采用对方标准，或在标准技术指标上达成一致，消除贸易壁垒。

建议在特定范围深化离岸贸易试点

李强

离岸贸易也称"离岸转手买卖",典型特征是订单流、货物流、资金流"三流"分离,贸易活动不进出企业所在地关境。发展离岸贸易,有助于将合同订单、资金收付、航运物流、贸易融资等高附加值环节留在国内,对开拓国际市场、稳住产业链有着积极意义。近期我们对有关地方、企业调研发现,一些有实质性需求的企业开展离岸贸易业务受到较多限制,"能不能做""怎么做"等问题亟待破解。建议依托重点区域和特定企业,深化离岸贸易试点,探索新的监管模式,更好满足企业发展需求。

一、我国离岸贸易仍处在个别放开的发展初期,企业需求得不到有效满足

调研发现,企业至少有三类开展离岸贸易的需求。一是跨国公司区域总部因承担集中采购、区域销售、区域贸易资金结算等功能需要进行离岸贸易。如某跨国建筑设备公司位于国内的地区

总部与海外客户签订采购协议，将其在国外工厂生产的挖掘机直接发往第三地，并在我国境内进行货款结算。二是国内企业对外投资后，需对境外子公司的采购、生产、销售进行统一管理。如国内一家大型纺织企业在东南亚某国开设 6 家工厂，不仅需从境外采购成衣、箱包原材料运至该国，也需将相关产品销往海外。三是国内工程承包企业在境外承包工程时，需采购境外供应商部分设备、原材料直接运至工程所在地。此外，一些贸易中间商为规避贸易壁垒，开展离岸贸易业务的愿望也较为迫切。与企业旺盛的需求相比，我国离岸贸易发展相对滞后，企业感觉受限较多。

——合规门槛高。针对一些企业利用离岸贸易进行套利和逃汇的行为，有关部门 2015 年以来出台了一系列外汇管理措施，强化了对经办银行和企业的监管。银行普遍对办理离岸贸易业务持谨慎态度，企业也因难以满足监管要求无法开展业务。一是离岸贸易性质决定了货物不进出企业所在地海关，很多企业无法按要求提供发票、提单、仓单等单据全套正本。某外资企业反映，其海外客户希望直接从该企业海外工厂自提设备以节省成本，虽然订单、合同、发票、发货确认书等可以证明贸易真实性，但由于没有海运提单，难以通过银行审批。二是银行目前只接受外汇先收后支模式，很多企业上游供应商话语权较强，很难要求对方先付汇。三是一些企业担心合规风险，主动放弃境内离岸贸易业务或选择到海外开展相关业务。某纺织企业表示，贸易形势随时变化，企业很难跟上国内监管要求，虽然在自贸试验区设有公司，但目前主要还是通过境外公司操作离岸贸易。

——便利化程度不够。有关部门和地方一直在探索推动离岸贸易相关便利化举措。2020 年 8 月印发的最新版《经常项目外汇业务指引》提出，对不符合"同一笔离岸转手买卖业务应在同一家银行网点采用同一币种办理收支结算"要求的企业，银行在确认其真实合法后可直接办理。某地也与外汇管理部门开展了"货物转手买卖白名单制度""集体审议机制"等探索。但企业反映，境内离岸贸易的便利化程度与新加坡、中国香港相比仍有显著差距，包括审核环节多、耗时长、要求严，银行经办人员不熟悉政策等。一家外资企业反映，该公司亚洲总部之前在新加坡，只需通过邮件向银行提交订单、商业单据和收付款指令，监管部门不会事前逐笔审核具体业务，银行主要基于口岸、船公司、货主等大数据判断贸易真实性，企业对监管"完全无感"。

二、监管模式跟不上实践需要制约离岸贸易发展

调研发现，目前对离岸贸易存在一定认识偏差，把离岸贸易与一般贸易割裂开来，将其简化为资金结算问题。监管部门更多从维护外汇安全、防范金融风险角度考虑问题，对企业实际业务需求考虑不足，监管模式、监管要求亟需完善和优化。

——监管部门之间缺乏有效协同。目前我国本、外币跨境资本流动管理分属人民银行和外汇管理局，两部门政策规定相对独立，企业不仅需两头备案，而且必须满足不同监管要求，影响了企业资金结算的便利。同时，金融监管部门与商务、海关等部门和地方未建立协调机制，政策协同、信息共享不够，监管尚未形成完整体系。这导致部分不法企业利用监管空隙进行套利，反过来又促使金融监管部门实施更严格的管控，进一步抬高了对银行和企业的合规要求。

——管具体业务多、管企业主体少。中国香港、新加坡等贸易中心对离岸贸易采取事中事后监管，一般不进行事前审核或干

涉企业具体业务，但对企业自律和第三方审计要求很高，企业一旦违规予以重罚。目前，我国境内对企业离岸贸易业务实行逐笔事前审核，且对贸易单据、币种、银行网点、收支方式、额度、期限等都有严格细化要求。有的地方尝试将少数资质好的大企业纳入"白名单"放宽审核要求，但事前逐笔审核的模式并未根本改变，银行由于承担真实性审核的主体责任，存在担心违规受罚心理，企业关注和诉求难以解决。

——大数据等先进技术手段应用较为欠缺。调研了解到，境外贸易中心高度重视信息平台应用。新加坡围绕国际贸易构建了全流程信息化体系，"贸易网"（Trade Net）集成了海关、税务等30多个部门的审核功能，企业一次性提交申请材料后，便可办理所有进出口手续；"港口网"（Port Net）集成了海事及港务局、船公司、货主、物流服务等信息，可查询航运相关信息。这些信息平台为监管部门和银行验证贸易真实性提供了有力工具。相比之下，我国外汇、海关、商务等部门数据，与银行、物流、运输等行业数据未能有效整合，企业国际订单、生产、调拨、结算等生产经营数据也未纳入系统，一些不法企业容易"钻空子"虚构贸易。

三、依托重点区域和特定企业，深化离岸贸易试点

发展离岸贸易有助于增强企业境内外资源统筹能力，建议重点依托具备离岸贸易发展条件的自贸试验区，选取一定数量的、有真实需求的本土和外资跨国公司，探索新的监管和支持手段，推动离岸贸易在特定范围加快试点、重点突破。

一是加强顶层设计，建立跨部门协同监管机制。统筹商务、人民银行、外汇、海关、市场监管、税务等监管力量，建立沟通

会商机制，加紧研究突破离岸贸易发展中存在的体制机制障碍。推动人民银行和外汇部门在离岸贸易资金结算监管方面加强政策协同，研究整合本外币跨境业务的市场准入、业务管理、违规处罚等相关政策，尽可能让企业账户的开立、使用符合离岸贸易运作实际需求和国际惯例。

二是完善监管流程，由管业务向管企业主体转变。参照境外经验，改革逐笔审核业务的监管模式，在已试点的"白名单""集体审议"等做法基础上探索以管企业为主的监管模式。可选取一定数量的、有真实需求的本土和外资跨国公司，对其离岸贸易账户进行特殊标识，每年给予一定本外币自由兑换额度，允许突破"同一业务、同一银行网点、同一币种"原则和先收后支、收大于支等限制，同时要求企业每半年提供一份由具备公信力的第三方会计师事务所提供的审计报告作为延续资格的前提，最后由监管部门进行审核、评价和奖惩，动态调整名单内企业，在逐步积累经验的基础上不断优化监管。

三是搭建信息平台，更多利用大数据和信息化手段。实现离岸贸易有效监管的关键在于监管部门能否获取真实有效的贸易数据。离岸贸易伴随着大量信息和数据流动，既有企业内部生产经营数据，也有国际物流运输、原产地证、质检、保险、仓储等流通数据。相对于易造假的商业单据，这些不同来源的信息可以交叉验证，在审核离岸贸易真实性上更加可靠。应推动海关、金融、反洗钱等国际合作和监管信息共享，并通过有效途径获取货物代理、国际物流、仓储等流通信息，打造离岸贸易监管信息体系。同时在"白名单"企业信用监管基础上，探索在国际贸易单一窗口为企业提供内部运营数据接口，使监管信息平台的数据更加准确、完整。

五、宏观经济形势研判及政策建议

经济运行面临的突出问题
和相关政策建议（上）

——国研室座谈会观点综述摘编之一

秦青山　　陈黎明　　邓林　　冯晓岚　　马波　　叶世超　　刘武通

按： 近期，我室召开了专家学者、金融机构和创新企业等方面专题座谈会。现将与会人员主要观点综述或摘编予以刊发。

围绕当前经济形势和明年经济工作，与会专家学者和企业负责人等进行了深入研讨，就创新和完善宏观调控、稳定和扩大就业、实施扩大内需战略、稳外贸稳外资、推动创新发展等重点问题，提出了一些值得重视的意见建议。

一、关于宏观经济形势

与会同志普遍认为，面对新冠肺炎疫情和世界经济衰退的严重冲击，我国经济能够稳住基本盘、较快实现"V"型复苏，殊为不易且具有战略意义。明年国内外形势极其复杂严峻，保持我国经济平稳运行仍有不少困难。

外部环境具有较大不确定性。世界经济仍处于深度衰退之中，一些国家疫情反复、重启封锁等防控措施，经济恢复面临较大阻力，主要西方国家大选成为扰动全球市场的重要因素，贸易保护、地缘政治等也使得形势更加复杂多变，有专家预计未来3—5年都难以回到疫情前的正常水平。中国成功摆脱疫情困局、经济实现反转，或将引起更多国家对我态度变化，采取更多竞争或阻遏措施。

国内经济复苏存在风险隐忧。不少专家认为，我国经济有效需求不足依然突出，消费、制造业投资和民间投资尚未"转正"，出口短期看好但中期压力非常大。就业面临较大困难，三季度末农村外出务工劳动力同比减少384万人、下降2.1%。微观主体活跃度不高，中小企业恢复较慢，企业应收账款增速已从3月末的7.3%快速攀升到8月末的14.5%。前三季度综合价格指数明显回落，9月份PPI同比下降2.1%，比8月扩大0.1个百分点，表明存在通缩压力。

明年可能会出现"数据好看，日子难过"情况。专家们表示，当前国内经济复苏势头有望延续，加上基数效应，明年主要经济指标会比较好看，但实际困难不容低估。有专家测算，2020年GDP增速将达到2.32%，2021年将升至8.17%。专家认为，今年规模性纾困政策到期后，明年企业的税费压力将会明显加大，可能会再次陷入困境。明年，企业还将面临还本付息的压力，违约风险将会上升，银行惜贷、信贷质量以及呆坏账等问题也会随之而来。

二、关于明年宏观预期目标

明年是"十四五"开局之年，也是全面建设社会主义现代国家的起步之年，年度发展目标要对标"十四五"乃至 2035 年。专家认为，当前政策效果仍在持续显化，应统筹考虑疫情防控和经济社会发展，适时调整"六稳""六保"内涵，着眼可能和需要，合理确定跨年度政策目标。

对明年设定经济增长量化指标看法不一。有专家测算，按照我国"到'十四五'末达到现行的高收入国家标准、到 2035 年实现经济总量或人均收入翻一番"的目标，未来 15 年经济年均增速需要达到 4.8% 左右，未来 5 年也需要达到 5.5% 以上。但是，考虑到今年的基数较低，明年又面临诸多不确定性，多位专家建议不设定明年经济增速的量化指标，而是表述为保持合理增长。

也有专家认为，我国经济要到 2022 年才能回归正常水平，产出缺口基本消除。明年宏观调控目标应着眼回归常态化来考量和把握，预计明年经济增速前高后底，全年增长目标可设定在 7%—8%，城镇新增就业 1000 万人，CPI 涨幅不超过 3%，赤字率保持在 3.6%，地方政府专项债券新增规模不低于今年水平，M_2 和社会融资规模与名义 GDP 增速基本匹配。

建议确定居民收入增长目标引导预期。有专家建议，可以设定一个"居民人均可支配收入增速"的预期目标。主要考虑是，长期以来，我国收入分配呈现出城乡居民收入差距大、收入增长较慢、财产性收入占比提高等结构性问题，对扩大国内消费需求造成拖累。尤其是受疫情影响，居民收入预期不稳，影响消费意愿。如能将"居民人均可支配收入增速"作为预期目标，既能体现以人民为中心的发展思想，也有利于引导预期、促进消费。

三、关于财政政策

专家认为，面对错综复杂的经济形势，应进一步强化财政政策的跨周期设计和逆周期调节作用。

保持积极财政政策的连续性和力度。不少专家提出，尽管今年扩张性财政政策力度不小，但我国财政政策仍有空间，明年应保持现有赤字和债务规模，赤字率和债务率水平随经济增速加快自然会下降。要进一步优化财政支出结构，切实提高资金使用效益。建议政策实施重点应从减税降费转到更多聚焦创新，如通过减并增值税档次等措施，为公平竞争创造条件；降低企业所得税率到15%，提高研发加计扣除，改善预期并鼓励普遍创新；扩大短期国债发行，取消对购买国债的免税政策，促进债券市场相对价格的合理化和国债收益率曲线的形成与使用。

尽快明确阶段性政策的退坡时间表。专家认为，今年的一揽子规模化纾困政策实施效果较好，但需要尽早明确一些阶段性、非市场化政策的退坡时间，或者谋划出台新的替代政策，提高政策的可预期性，减少观望行为。政策实践中，应坚持分类退出，避免"一刀切"形成政策"悬崖"，给市场主体造成冲击和伤害。

完善直达机制加快财政资金使用进度。有专家指出，截至9月底，财政直达资金形成实际支出1万亿元，仅占中央财政已下达资金的61.2%，实际效果有待评估。由于缺乏可操作的标准，加上很多时候项目进度滞后或者发生变更，导致许多资金趴在账上。建议健全财政直达资金的使用考核机制，确保资金使用既加快进度又用在"刀刃"上。

优化地方债务结构和资金使用方式。专家认为，目前地方债总体控制在全国人大批准的限额之内，但规模大于中央债，地方本身治理能力偏弱，可能导致债务风险扩散。调研中发现，现在要求专项债项目的现金流覆盖本息 1.2 倍，但收益高的项目市场就能做，政府做就挤出了市场投资，容易导致资源错配。建议明年地方专项债政策进行转向，引导地方优化债务结构，将财政扩张更多体现在中央层面。

四、关于货币政策和中小微企业融资

专家们认为，经济复苏仍存在很大不确定性，明年货币政策在逐步回归常态的同时，应更加灵活精准。

防范政策集中到期和退出带来经济金融风险。有专家认为，当前企业违约率和银行坏账率较低未必是真实反映，政策集中到期后还本付息压力会上升，要防范明年中小微企业贷款陡然撤出和中小银行资产质量恶化的风险。针对目前小企业复苏势头不如大中型企业，部分房企流动性压力加大等问题，要高度关注重点企业、重点领域的潜在违约风险，及时堵塞漏洞。建议根据形势变化灵活调整信贷政策，不应过快退出中小微企业等薄弱环节。

关注非金融部门债务风险。有专家提出，不少企业将新增经营性贷款用于日常支出，必然带来家庭和企业杠杆率上升。6 月末我国经济部门杠杆率较年初大幅提升 21 个百分点达到 266.4%。居民部门加杠杆会制约消费，政府部门虽具备加杠杆空间，但受到债务上升快、收入来源有限、利息负担较重等因素限制。从近年来债务扩张规律看，偿债负担均是先降后升。债务难持续是我国经济面临的主要中期风险，要高度关注，适时缓释。

解决小微企业融资难需要改革推动。专家指出，经验数据表明有抵押物的小微企业贷款不良率最低，目前央行直达实体经济工具认定范围局限在纯信用贷款，不利于政策撬动和激发商业银行积极性。此外还应积极推动中小银行股改，一方面控制同业套利，把信贷资源留在当地；另一方面有利于专项债注资中小银行，增强其服务小微客户的能力。

五、关于稳定和扩大就业

近几个月规模性纾困政策效应持续显现，就业形势逐步好转。同时，就业格局发生结构性变化，一些重点问题需持续关注。

疫情导致就业岗位总体减少。专家指出，今年上半年疫情冲击减少就业岗位1165万个。分产业看，二产减少415万个，三产减少886万个，一产因畜牧业发展增加岗位136万个。从需求看，消费下降减少874万个，投资下降减少160万个，贸易下降减少131万个，分别占75%、14%和11%。综合看，三产就业岗位大量减少、消费下降减少岗位占到3/4，与社会消费品零售总额大幅下降相互印证，说明经济复苏主要靠逆周期调节的投资政策拉动。要增强经济增长拉动就业的后劲，必须把重点转到促消费、扩内需上来。

警惕冲击型失业转为结构型失业的风险。4月以来随着复工复产不断推进，失业率从高位逐步回落。但从行业来看，劳动密集型、出口密集型产业和接触型服务业的就业恢复较慢，食品、通信设备和电子设备行业的就业持续增加，但增加的规模不足以抵消失业的规模。有专家认为，经济恢复最快的行业并不是先前失业最多的行业，意味着失业的性质正从冲击型失业转变为结构型失业，而结构型失业往往比冲击型失业更难恢复。对这一问题必须高度重视，有效应对。

高度重视和化解隐性失业的风险。多位专家提出，受疫情影响最大的群体是农民工和灵活就业者，估算全国留乡农民工超过1700万人，但这一数量规模被统计为退出劳动力市场而不是由就业转为失业。因此，在研究显性失业问题的同时，还必须高度警惕隐性失业的风险。专家建议，科学设定非标准就业人员特点的参保门槛和支付标准，逐步把失业风险相对较高的灵活就业者、农民工等完全纳入保障范畴，进一步扩大失业保险覆盖面，加强对隐性失业者的保护。同时，鼓励新业态就业和灵活就业，利用新技术降低岗位技能要求，促进低技能劳动者就业。

经济运行面临的突出问题 和相关政策建议（下）

——国研室座谈会观点综述摘编之二

秦青山　　陈黎明　　邓林　　冯晓岚　　马波　　叶世超　　刘武通

六、关于扩大内需

专家普遍认为，在国际环境不确定形势下，内需重要性更加凸显。当前需求复苏慢于供给复苏，需要抓住疫情防控形势较好带来的机会，加快实施扩大内需战略，把国内的事情办好。

增加居民收入提振消费信心。不少专家认为，消费在三大需求中受疫情冲击最大，9月份核心 CPI 仅上涨 0.5%、为近年最低就足以证明，但促进消费也不能拔苗助长，关键是要增加居民收入。当前宏观环境下，绝大多数城镇中低收入群体消费依赖工资性收入，小微企业和个体工商户受冲击更为严重，隔离防疫措施又使得居民资产负债表的恶化程度加重，收入预期严重下滑。有专家建议，明年在确定居民收入增长目标引导预期的同时，采取减少居民部门税费等措施，调整社会收入分配格局。

完善各项社会政策提高边际消费倾向。有专家提出，前三季度烟酒、化妆品等高端消费表现较好，客观上反映了居民收入"中间慢、两头快"的特点。因此，提振消费仅靠发放消费券等短期政策无法解决，需要推进社会制度上的改革。比如，城乡二元结构使得农民工无法融入城市，应通过改革打破城乡分割的局面，更好保障农民工享受教育、医疗等基本公共服务的权利，改善低收入群体的生存发展和消费环境。

瞄准关键核心技术等领域挖掘投资潜力。证券机构专家分析，前9个月固定资产投资增速转正，房地产投资起了重要作用，但"345"融资规则未来可能形成一定的抑制。基建投资表现一般，对经济的支撑力量有走弱的趋势。某银行首席经济学家提出，过去习惯给融资平台、"铁公机"项目放款，现在将5G嫁接传统基建，银行的融资模式还没有探索好，对这些新兴领域应加强融资支持。有专家还建议，在宏观投资边际报酬率不断下降的情况下，应重点围绕实现科技自立自强，强化解决"卡脖子"问题的投资导向，推进产业安全的国内替代。

七、关于稳外贸稳外资

专家们认为，虽然我国外贸外资已连续数月逆势上扬，但形势仍很复杂，需客观分析和应对风险挑战。

以更加主动的制度性开放挖掘引资潜力。前三季度我国利用外资增长5.2%，在今年全球外国直接投资流量预计减少40%的背景下，取得这一成绩很不容易。目前，我国外商投资负面清单已压减到 33 条，"十四五"时期进一步压减空间不大，进一步吸引外资必须加大制度性开放力度。专家建议，引资过程中要注重倾听外企关于改革开放的合理诉求，推动国内营商环境持续优化，为中外企业同台公平竞争创造条件。要顺应疫情形势变化，不失时机重新布局产业链供应链，加大进口替代力度。

八、关于制造业发展

与会专家认为，当前制造业对工业生产的拉动作用最为突出，但制造业的恢复基础并不牢靠。

稳定和扩大制造业投资。有专家认为，制造业投资保持较快的恢复速度，意味着企业家对国内经济恢复的信心以及对未来经济增长的乐观预期。也有专家认为，前 9 个月高技术产业、高技术制造业投资同比分别增长 9.1%、9.3%，均快于制造业投资增速，但明显低于往年同期，还具有较大的恢复潜力，要进一步稳定和扩大高技术产业和高技术制造业投资，让高新技术成为拉动经济可持续增长的重要动力。

切实提高我国制造业"含金量"。有专家指出，虽然市场主体盈利能力逐步恢复，但制造业仍处于"微笑曲线"的底部。从短期看，产销链、供应链、资金链畅通仍需要一定时间；从长期看，受关键技术、创新能力、高品质供给等方面的制约严重，低附加值和高成本形成双重制约。专家建议，制造业要向"微笑曲线"的研发和服务两端延伸，通过高新技术实现产业升级和发展制造型服务业。同时，要借助互联网平台，促进制造业数字化，提升生产制造各个环节价值。

支持平台型节点型系统集成企业发展。有企业负责人反映，国家在制定产业扶持政策时比较重视装备制造类企业，对于平台型节点型系统集成企业关注较少。现实中，经常是材料、元器件、装备各自为战，更多体现的是供应链关系，没有形成上下游紧密结合、整体优化的创新链关系。这类平台型节点型系统集成企业往往可以打通产业链上下游、带动产业链整体提升。建议在产业政策上要给予平台型节点型企业一定帮扶，发挥国家级产业基金对上下游产业链的整合作用，推动协调行业上下游相互开放股权、开放工艺，促进产业链上企业之间形成"利益捆绑"关系，提升产业链水平。

九、关于科研攻关和创新发展

与会人员认为，虽然"卡脖子"问题还很多，但只要政策到位、策略得当、久久为功，关键核心技术一定能早日实现突破。

加快启动"修长""换道"计划。有企业负责人指出，既要补短板，也要修长板。要聚焦 5G 和云计算等已经国际"并跑"的技术领域，培育形成我国优势科技能力。同时，注重超前布局和换道超车，加强对前沿颠覆性技术方向的持续研究和投入，提升战略预置能力，跳出低端锁定的怪圈，从根本上解决核心技术发展的路径依赖问题。

加快补上基础研究短板。有专家认为，在基础研究方面存在三个现实问题。一是科研人才匮乏。比如，作为原始创新重要一环的博士后人才严重缺失，主要原因是高校招聘博士后往往只招"海龟"，导致国内优秀博士后人才近乎全面流失。二是"隐性"科研条件不足。比如专职科研队伍的建设，很多单位配备了不少现代高端仪器，优秀工程师却受编制、待遇、职业发展等限制招聘非常困难。三是科研缺乏差异化和特色。由于对高校和科研机构进行过多的各种评估，而且往往实行统一的评估标准，导致大学和科研院所发展趋同化，原始创新科研差异化和特色不足。建议人才项目应当一视同仁，给国内优秀人才公平竞争的机会，同时搭建合理的科研投入和评估体系，促进差异化建设，鼓励特色化发展。

加大"研"到"用"之间的政策支持。企业负责人反映，科研攻关成果不敢用、不愿用的现象突出，"研得好"不见得"用得好"，更不见得"效益好"。制造业企业负责人认为，这里面既有自主产品性价比不高、可靠性稳定性较差的原因，也有国家首台（套）支持政策不足、部分行业领域进入门槛高、容错机制不健全等因素。科研院所专家认为，科研成果转化形成股权的税收政策，在一定程度上限制了科研成果转移转化的积极性。生物制药企业负责人建议，将我国一些1类原创药纳入医保，同时推动实现与"一带一路"国家药品监管体系互认，促进我国创新药早日走出国门。互联网企业负责人反映，网络出版需要国家发"许可证"，但近些年很少有企业成功办理过，大家都在"无证上岗"，希望政府加大对新业态的政策支持和扶持引导。

中国政策专家库部分专家座谈"十四五"时期需要研究解决的若干重大问题（上）

高振宇

7月下旬，国务院研究室原主任、中国政策专家库专家委员会主任魏礼群同志邀请部分专家座谈，围绕"'十四五'时期需要研究解决的若干重大问题"进行研讨。

专家们一致认为，"十四五"时期是我国全面建成小康社会、实现第一个百年奋斗目标之后，乘势而上开启全面建设社会主义现代化国家新征程、向第二个百年奋斗目标进军的第一个五年，谋划好这个时期的经济社会发展十分重要。专家们还认为，"十四五"规划的制定，是在特殊的国内外环境和历史背景下进行的，必须全面、深入研判形势和任务，作出科学决策。从国际上看，当今世界百年未有之大变局加快演进，新一轮科技革命方兴未艾，我国发展的外部环境正在发生深刻复杂变化。新冠肺炎疫情蔓延及其影响仍然存在很大不确定性。从国内情况看，我国发展具有多方面优势和条件，同时存在不少老难题，面临许多新挑战，包括发展不平衡不充分问题仍然突出。在这种情况下，研究制定"十四五"规划，应按照党的十九大战略部署，深刻认识我国发展进入新阶段的新特征新要求，围绕开启全面建设社会主义现代化国家新征程，着力打造发展新优势、构建发展新格局、推动发展新跨越，努力实现更高质量、更有效率、更加公平、更可持续、更为安全的发展。专家们在座谈中重点提出以下十条建议。

（一）坚持全面高质量发展，合理设定经济增长预期目标。多位专家认为，把经济增长速度作为五年规划中的一项重要指标，是我国治理体系的一个特色、一个优势，这对引导社会各方预期、促进经济平稳较快发展具有积极作用。大家建议在"十四五"规划中明确提出年均经济增长预期目标，在坚持高质量发展的基础上，可设定为5%—6%。主要考虑是：第一，保持这样的增速是非常必要的。我国仍是世界上最大的发展中国家，2019年人均国内生产总值约为世界平均水平90%，仍处于中等收入国家行列。发展是解决我国一切问题的基础和关键，要不断满足全体人民过上更加美好生活的期望，并顺利跨越"中等收入陷阱"、缩小与发达国家差距、提升综合国力应对各种外部挑战，都必须有一定的增长速度。第二，保持这样的增速是有条件的。我国市场规模巨大，劳动力数量庞大且素质优良、勤劳节俭，储蓄率处于较高水平，产业体系完善，当前和未来一个时期都有条件有能力保持经济平稳较快发展。第三，保持这样的增速可以与中长期发展目标有机衔接。党的十九大提出，到2035年基本实现社会主义现代化。根据近年经济发展情况，可考虑通过15年努力，实现国内生产总值比2020年翻一番。将"十四五"时期经济增长目标设为5%—6%，可以与这一目标衔接起来。

（二）畅通国内大循环，着力推进产业结构重组升级。专家们认为，加快形成以国内大循环为主体的新发展格局，必须坚持以供给侧结构性改革为主线，推动产业结构重组改造升级，构建新型的产业链、供应链，促进生产领域资源良性循环。实体经济特别是制造业是国民经济的"骨架"，是深化供给侧结构性改革、推动高质量发展的主战场。我国制造业规模世界第一，产业门类也很齐全，但大而不强的问题比较突出，不少产业发展水平相比德国、日本还存在较大差距。当前应抓紧对我国制造业发展情况进行全面评估，并根据信息化、智能化快速发展的新形势新情况制定有力政策，促进制造业提升水平、优化结构、由大变强。多位专家提出，要认真总结应对疫情冲击、促进复工复产的经验教训，优化完善产业布局，提高产业链供应链稳定性和竞争力，确保危急时刻产业链关键环节不受制于人。

（三）更加注重创新发展，加快创新型国家建设进程。专家们一致认为，当前世界各国国力之争也好、市场之争也好，归根到底是科技创新之争。近年我国科技创新已从以跟跑为主转向跟跑和并跑、领跑并存，但基础研究仍然比较薄弱，从"0到1"突破能力不足仍是我们的重大短板。要把推动科技创新放在更加突出的战略地位，特别应加大基础研究投入，健全鼓励支持基础研究、原始创新的体制机制，抓住当前最急需、"卡脖子"的重大关键技术，组织强有力的科技团队，实行有组织、有计划、有保障的科研攻关行动。完善促进科技成果转化机制，破除制约科技成果转化的体制机制障碍，让企业和市场在技术创新决策、研发投入、科研组织实施、成果转化评价等各环节发挥主导作用。完善激励机制，充分调动科研人员积极性创造性。有专家表示，将企业研发费用加计扣除比例从50%提高到75%的政策受到普遍欢迎，有的企业每年可因此减少上亿元的税收负担。可考虑将研发费用加计扣除比例提高到 100%，进一步激发企业增加研发投入的积极性。

（四）加大实施乡村振兴战略力度，促进城乡现代化一体发展。 专家们一致认为，这既是提高发展质量的重要着力点，也是支撑经济增长的巨大动力源。当前我国不少城市特别是大城市已经基本实现现代化，与发达国家相比一点也不逊色，但广大农村地区发展差距仍然很大。建议进一步加大乡村振兴战略实施力度，切实加强农业现代化和农村现代化建设，着力构建现代农业产业体系、生产体系、经营体系；加强农村基础设施建设和公共服务供给；千方百计巩固和扩大脱贫成果，搞好与乡村振兴有机衔接。多位专家认为，去年我国常住人口城镇化率 60.60%、户籍人口城镇化率 44.38%，新型城镇化当前仍处快速发展阶段。要坚持从中国国情出发，更好贯彻大中小城市并举的重要方针，在优化城市布局、提高发展质量的基础上，推进城市群、城市圈、城市带建设；着重推动县城基础设施建设，推进中小城镇包括特色小镇、产业强镇等建设；支持进城务工人员更好融入城市，稳步提高户籍人口城镇化率水平。专家们建议，加快建立健全城乡一体化发展的体制机制，加快形成以工促农、以城带乡、工农互惠、城乡一体的新型工农城乡关系，因地制宜促进城乡深度融合，逐步实现城乡居民基本权益平等化、城乡公共服务均等化、城乡居民收入均衡化、城乡要素配置合理化，以及城乡产业发展融合化。

中国政策专家库部分专家座谈"十四五"时期需要研究解决的若干重大问题（下）

高振宇

（五）坚定实施扩大内需战略，调整国民收入分配格局。专家们认为，这既是当前应对疫情冲击的迫切需要，也是构建新发展格局、为经济健康发展提供持续拉动力的战略抉择，还能更好满足人民群众日益增长的美好生活需要。实施扩大国内需求战略，既要扩大投资需求，更要扩大消费需求。一个时期以来，我国国民收入分配格局不合理的老问题并没有从根本上解决，劳动收入比重偏小，严重制约居民消费能力的提高，从而制约消费需求的扩大。要从调整国民收入分配格局入手，研究实施扩大国内需求的问题。切实逐步提高城乡居民的收入水平，持续扩大中等收入群体规模，不断提高消费能力。要促进消费升级，支持扩大服务消费。如可考虑恢复"五一"黄金周、更好落实带薪休假制度、完善更有弹性的错峰休假制度，创造条件鼓励旅游消费。多位专家表示，扩大农村消费需求大有文章可做，建议有针对性地完善政策举措，通过加强生态宜居美丽乡村建设、发展农村新兴文旅康养产业等，促进扩大农村新兴消费需求。要统筹做好新型基础设施建设和传统基础设施改造提升，共同为经济增长提供有力支撑。前几年推进棚户区改造，取得了良好经济和社会效益；这两年推进老旧小区改造，也受到各方普遍欢迎；下一步可考虑逐步推进旧城改造，改变一些城市局部和形态落后面貌、提升城市现代化水平和功能。

（六）大力推进社会建设现代化，不断提高人民生活质量和水平。专家们认为，社会建设比经济建设滞后，一条腿短、一条腿长，是我国现代化建设中的突出问题。"十四五"规划必须加大社会现代化建设力度。养老、教育、医疗与每个人、每个家庭息息相关，应力争实现新的显著提升。一是妥善应对人口老龄化问题。有关数据显示，2019 年末我国 60 岁以上人口比重已达 18.1%，65 岁以上人口比重达到 12.6%，而且未来还会继续较快上升，将对经济社会发展产生全方位影响。建议稳步推进养老保险全国统筹，保证养老金及时足额发放；适当逐步延长退休年龄，创造条件让经验丰富、精力充沛的老年人继续发挥作用；加快公共设施适老化改造，扩大社会化养老服务供给，为广大老年人提供经济上可承受的养老服务；尽快完善生育政策，通过适当补贴、延长产假等鼓励生育，促进人口结构优化。二是着力促进教育公平发展和质量提升。持续改善乡村学校办学条件和师资队伍，推进城乡义务教育一体化发展。在有条件的地方实行十二年免费义务教育，并逐步扩大范围。努力办好学前教育。大力推进一流大学和一流学科建设，为科技创新提供人才支撑。三是加强基本医疗卫生保障。我国公共卫生体系在这次应对疫情冲击中取得了举世瞩目的成绩，但也暴露出一些问题和短板，要大力补短扬长，为人民健康提供更好保障。同时，逐步提高城乡居民基本医保和大病保险水平，推动基本医疗保险迈向全国统筹。四是大力推进社会治理现代化建设，特别是加强城乡基层社区治理现代化建设，加快构建社会治理共同体。

（七）**提升生态文明水平，加强美丽中国建设**。专家们认为，近些年来，环境整治力度加大，生态文明实践有力推进，绿色发展理念深入人心，应坚持方向不变、力度不减、标准不降，把握力度与节奏，进一步做好生态环保各方面工作。继续抓好污染物减排，深化重点地区大气污染治理攻坚，扎实推进水污染和土壤污染防治，着力打好升级版的污染防治攻坚战。强化节能提高能效，发展壮大节能环保产业，促进能源结构优化。大力推动生态保护与修复，持续推进山水林田湖草系统治理，努力扩大生态空间和生态容量，为老百姓提供更多绿色生态产品。突出依法、科学、精准治污，加快建立健全从源头严防、过程严管、后果严惩到损害赔偿的全链条生态环境管理制度体系。

（八）**坚定不移全面深化改革开放，推进国家治理现代化**。专家们一致认为，改革开放是我国创造发展奇迹的关键之招，也是应对复杂严峻局面的制胜法宝。建议着眼推进新时代国家治理体系和治理能力现代化，聚焦重点领域和关键环节，加快完善有利于促进高质量发展的体制机制。最重要的是深入研究新时代的政府与市场关系、政府与社会关系，政府、市场、社会三者在不同领域、不同时期、不同层面发挥各自应有的作用。继续深化"放管服"改革，切实减少政府对企业行为的直接干预，把能交给市场的都交给市场，集中精力履行好政府应该承担的职责，提高服务质量和效率，创造良好营商环境，让市场主体公平竞争、充分释放活力。加快构建更加完善的要素市场化配置体制机制，根据不同要素属性、市场化程度差异和经济社会发展需要，实现要素价格市场决定、流动自主有序、配置高效公平。坚持"两个毫不动摇"，探索公有制多种实现形式，支持民营企业改革发展，保护企业合法权益。继续深化农村综合改革，稳定完善农村基本经营制度，进一步深化农村土地制度改革，深化乡村集体产权制度改革并全面推开改革试点。专家们认为，当前我国已经深度融入世界经济，绝不能关起门来搞建设，应抓住时机进一步扩大对外开放。促进外贸稳定发展，提高进出口便利化水平，提升国际货运能力，支持外贸企业做好疫情常态化防控工作。更加积极利用外资，增进与跨国公司的利益融合与共享。坚定维护多边贸易体制，积极参与世贸组织改革。

（九）切实做到安全发展，坚决守好国家安全底线。专家们认为，面对复杂国际形势，必须坚持底线思维，增强忧患意识，有效应对挑战，确保国家安全。坚决把维护粮食安全摆在"三农"工作的首位，实行最严格的耕地保护制度，坚持稳定粮食产量、稳定粮食面积、稳定粮食扶持政策，切实加大粮食发展投入，推进农业科技创新与应用，稳定提高粮食综合生产能力。加强金融风险防范，把握好金融领域对外开放的范围、力度和节奏，防止金融体系受到国际资本恶意攻击，确保不发生大的金融动荡。

（十）充分调动各方面积极性，更好为全面建设社会主义现代化国家凝心聚力。专家们一致认为，"十四五"时期改革发展任务极其艰巨繁重，必须处理好各方面关系，团结一切可以团结的力量，最大限度调动一切积极因素，凝聚广泛共识，形成强大合力。一是调动各个地方积极性。我国各地情况差别较大，"一刀切"的政策往往难以落地，要分门别类制定有针对性的区域发展政策，鼓励各地发挥比较优势，形成各展所长、竞相发展的局面。二是调动各级干部积极性。目前不少基层干部精气神不足，怕担风险怕出事的心态比较突出。要加快健全尽职免责细则，完善激励机制，让广大干部消除顾虑、放开手脚干事创业。三是调动各类群体积极性。要使各类企业、社会组织、各方面社会力量充分发挥应有作用。

关于研究制定"十四五"经济增速目标和 2035 年远景目标的一点思考

宋立

党的十九届五中全会通过的"十四五"规划和 2035 年远景目标建议，统筹规划了 2035 年基本实现现代化远景目标和"十四五"时期经济社会发展主要目标。建议以定性表述为主，蕴含定量要求，明确提出 2035 年人均 GDP 达到中等发达国家水平，实际上给定了未来 15 年的经济发展速度要求。研究制定"十四五"经济增速目标，关键在于理解中等发达国家水平。

虽然在经济学理论上，作为与发展中国家 (developing country) 对应的概念，发达国家 (developed country) 是有明确定义的，但在现实世界中，发达国家尚无明确的统一定义或通用标准。国际货币基金组织《世界经济展望》从 1980 年开始国家分类，先使用工业国家，1997 年改为 advanced economy，之前中文译为先进经济体，2015 年改译为发达经济体，由于英语表述仍然是 advanced economy，相当于只对中文世界给出了发达国家范围。经济合作与发展组织（OECD）通常被认为是发达国家俱乐部，经合成员国可以近似视为发达国家。美国中央情报局《世界概况》中也有发达国家分类，并采用传统概念 developed countries（DCs）。

三家机构认定的发达经济体的数量在 30—40 个之间，其中国际货币基金组织认定的"先进/发达经济体"39 个，经合组织成员国 37 个，《世界概况》列出的"发达国家"34 个。总的看，发达国家或发达经济体具有三个特征：一是工业化或服务业比较发达，一般工业化已经完成，服务业比重较高。二是人均收入比较高，发达经济体基本上是高收入经济体，但许多依靠资源致富的经济体并没有被纳入发达经济体概念，可以说发达经济体是实现了工业化的高收入经济体。2019 年世界银行高收入国家人均 GNI 门槛水平为 12375 美元，"发达经济体"中人均 GDP 最低的拉脱维亚为 17066 美元。2019 年，世界银行高收入国家为 81 个，是国际货币基金组织认定的发达经济体的 2 倍。三是人民生活水平、社会发展程度或人类发展指数比较高。发达经济体一般都是联合国开发计划署人类发展指数"发展度"高和极高的经济体。

目前，国内各方面对于中等发达国家的理解和解释大致分为三类：一是发达国家的平均水平，二是发达国家的中位水平，三是"接近发达国家的水平"。从词义上理解，所谓中等发达国家，顾名思义首先应该是发达国家。党的十三大报告首次明确提出"人均国民生产总值达到中等发达国家水平"，并在十九届五中全会报告中再次得以确认，如果再用"接近发达国家水平"来解释"达到中等发达国家水平"，难以自圆其说，更难以为各界所认同。理解中等发达国家水平，首先要排除"接近发达国家水平"，应在已有发达国家行列选择。同时，考虑到平均值或中位数作为点值的代表性不足，宜以发达国家中间分组的区间值来代表中等发达经济体水平。

比较而言，2019 年《世界概况》的发达国家人均 GDP 基本上在 1.5 万现价美元以上，2019 年人均 GDP 平均数为 54295 美元（2010 年不变价，下同），中位数为 49188 美元。国际货币基金组织的发达经济体 2019 年人均 GDP 平均数为 45363 美元、中位数为 44317 美元。经合组织（OECD）成员国 2019 年人均 GDP 平均数为 41105 美元、中位数为 38993 美元。

如果将发达国家划分为三个梯队，剔除属于奇异值的特殊经济体，国际货币基金组织的先进 / 发达经济体中间梯队人均 GDP 在 3.2 万—5.2 万美元区间，按照现价美元在 4 万—5.5 万美元之间。经合组织（OECD）成员国中间梯队人均 GDP 在 3.3 万—5.2 万美元区间。《世界概况》的发达国家中间梯队人均 GDP 在 4.3 万—5.2 万美元区间。如果进一步将中间梯队扩展分为中上和中下两个亚组，按照四个组进行聚类，发达经济体中下组 2010 年不变价美元人均 GDP 在 2.7 万—3.4 万美元，下限和平均值接近国际货币基金组织分组中 17 个新晋发达经济体人均 GDP 平均数 31233 美元，中位数 27684 美元。

考虑到现有发达经济体范围，特别是《世界概况》中的发达国家主要是欧洲传统工业化经济体，对新兴经济体涵盖不够，抬升了三分组中第二梯队下限水平。而四分组的中下组包括了东欧转轨经济体、东亚新兴工业化经济体等新晋发达经济体，以此表示中等发达国家水平，既能更好地代表发达经济体人均 GDP 最新变化趋势，也符合我国未来作为新晋发达经济体的客观实际。

由于发达经济体经济增长速度处于稳态，长期在潜在增长率上下波动，一般情况下不会发生太大变化。从实际情况看，2001 年以来，发达经济体的经济增速基本上保持在相对稳定的区间。

假定发达经济体未来 15 年均保持新世纪以来的增长速度，根据粗略预测，除个别特殊经济体外，2035 年绝大部分发达经济体的 2010 年不变价人均 GDP 将达到 2 万美元以上，各经济体平均增加 6918 美元，意味着中下组人均 GDP 将达到 3.4 万—4.1 万美元。如果采用动态聚类方法，2035 年新的第一梯队 12 个经济体人均 GDP 在 18496—33273 美元之间，新的第三梯队人均 GDP 在 83726 美元以上，新的第二梯队中上组人均 GDP 在 53157—68862 美元之间，中下组人均 GDP 在 37251—48141 美元之间。

按照 2035 年"人均 GDP 达到中等发达国家水平"的远景目标，届时我国人均 GDP 需要至少达到 3.4 万—3.7 万美元。根据初步预测，要赶上中等发达经济体人均 GDP 水平，如果未来 15 年人民币汇率像过去 10 年一样基本保持不变，我国需要 9.6%—10.2% 的平均增速。如果人民币汇率按照过去 15 年趋势升值 25% 到 5∶1 左右，我国需要保持 7.6%—8.2% 的增速。如果人民币汇率在 2050 年像其他大部分国家一样与购买力平价基本趋同，2035 年升值 40% 到 4.2∶1 左右，未来 15 年需要保持 6.1%—6.7% 的经济增速。

总的来看，各国在高速增长结束后一般呈现总体减速趋势，但各国减速轨迹有所不同，个别经济体比如日本属于台阶式减速，大部分经济体属于波浪式减速，即在总体减速中随着技术创新、经济结构调整和制度变革等原因，经济增速仍然可能出现新的上升周期，只不过周期峰值低于高速增长时期。我国近年来处于结构调整的关键时期和大规模创新的孕育期，"十四五"后期到"十五五"前期，供给侧结构性改革红利释放和技术创新的大规模突破，将带动我国潜在经济增长率出现一定幅度的明显回升。同时，随着共建"一带一路"深入推进和我国经济影响力的扩大，人民币汇率将在投资和交易需求等带动下出现新的升值周期。综合考虑潜在增长率回升和人民币汇率升值等因素影响，经过三个五年规划的不懈努力，实现建议提出的远景目标是完全有可能的。预计"十五五"时期的经济增速有可能略高于"十四五"时期，"十四五"时期的经济增速可以设定在 6% 左右。